W0266446

POLAREULE

Micaela Daschek

1. Auflage
Erstausgabe Januar 2016

Autorin: Micaela Daschek
Illustrationen und Lektorat: Claudia Wieland

ISBN: 1523205288
ISBN-13: 978-1523205288

Dieses Buch ist auch als E-Book erhältlich.

»Beherzt ist nicht, wer keine Angst kennt, beherzt ist, wer die Angst kennt und sie überwindet.«

Khalil Gibran

AΩ - Prolog

Draußen bellen die Hunde. Stiefel trampeln, Schlüssel klappern. Die Sichtklappe fällt.

»Wolkow – in die Ausgangsposition!«

Die zweite Klappe fällt.

»Dawai! Hast du nicht gehört? In die Ausgangsposition!«

Auf dem Gang wird es hektisch; sie laden die Gewehre.

»Genosse Oberstleutnant – der Gefangene Wolkow rührt sich nicht.«

»Tür öffnen!«

»Tür ist geöffnet!«

»Wie konnte das passieren?«

»Das weiß ich nicht, Genosse Oberstleutnant.«

»Was ist dort oben?«

»Wo …?«

»Da draußen, hinter dem Fenster!«

»Genosse Oberstleutnant – dort hockt eine Polareule.«

»Verscheuchen!«

»Jawohl – Polareule verscheuchen!«, bestätigt der Diensthabende und greift nach dem Gewehr.

»Nicht schießen, Sie Idiot, verscheuchen habe ich gesagt!«

Mit einem kräftigen Satz nach vorn wirft der Oberstleutnant ein Paar Handschellen ans Gitter. Er trifft; das Glas dahinter zerbirst.

Die Polareule hebt ab.

Der Oberstleutnant schaut verwundert: Die Schwingen des Vogels wirken beladen, als trügen sie eine Last hinfort.

A – Jamal

Es gibt Orte, die erfüllen mich mit Schrecken. Dieser nicht. Es ist ein schweigsamer Ort, verschlossen und karg. Nur Schnee und Wind, Kälte und Eis – sonst nichts.

Jenseits des Polarkreises flüchtet die Nacht über den zugefrorenen Ob, da erreicht das Luftkissenboot die andere Seite des Flusses, und das ohrenbetäubende Dröhnen der Propeller erstickt.

Beim Öffnen der Luke klatschen mir Schneeflocken auf die Augenlider. Der Raureif krallt sich harsch in meine Lungenflügel, dass ihnen ein quälend fiepender Ton entweicht.

So habe ich mir die Unendlichkeit vorgestellt, leer und unwirtlich … Manch einer wähnte sich hier in der Hölle auf Erden. Ich nicht, ich bin vollkommen ruhig. Vielleicht liegt es an der Färbung des Schnees, die das Kobaltblau des Himmels spiegelt, oder es ist der aufstrebende Morgen am Horizont, der mich an die rosige Haut von Aprikosen erinnert.

Über uns kreist einsam eine Polareule.

Auf der Jagd nach Lemmingen sinkt das schneeweiß gefiederte Tier tiefer und tiefer. Lautlos nähert es sich der Erde, schlägt in Windeseile seine Beute, schleift sie über den Boden und hebt dann schwer beladen wieder ab. Wunderbar! Die meisten Eulenarten jagen nachts, diese nicht. Sie jagt am Tage, so wie ich.

»Dawai!«, brüllt jemand von hinten. Mit voller Wucht rammt er mir seinen Gewehrkolben in den Rücken, doch er trifft mich nicht. Weder Trauer noch Schmerz sind in mir. Alles wurde gelöscht, sogar die Angst. Schmerz und Angst hemmen den Verstand. Aber ich will denken, ich muss denken!

Drei Bewaffnete springen von Bord, dann der Hund, dann ich, dann wieder drei mit Kalaschnikow im Anschlag. Der Sturm treibt uns vor sich her; wie übriggebliebene Herbstblättchen schaukeln wir über das Eis hinüber ans Festland.

Der Hund gebärdet sich wild.

»Aus Artjom, aus!«, brüllt der Sergeant. Sein grobschlächtiges Gesicht ist breit und kantig, die Haut, von Nikotin aschgrau gefärbt, knittert wie Pergamentpapier. Unter der platten Nase blinken Goldzähne auf beiden Kauleisten – ein Boxergesicht. Doch der Hund kläfft und kläfft. Ohnmächtig vor Wut zerrt der Unteroffizier an der Leine. Als alles nichts hilft, folgt ein Tritt und das Tier springt jaulend zurück.

Es muss wohl an der Einöde liegen, dass der Frost frostiger, das Eis eisiger und die lebenden Kreaturen spröder wirken als anderswo. Die Mienen der Anwesenden gefrieren wie das Wasser des Flusses auf dem sie stehen. So ist die Ankunft im trüben Licht der Hafenanlage nicht allein wegen des Permafrostes schroff und abweisend.

»Genosse Oberstleutnant – keine Vorkommnisse

während der Überfahrt nach Jamal!«, meldet das Boxergesicht.

»Danke, Sergeant!« Ein Wortschwall begleitet ihr vorgeschriebenes Händeschütteln.

Ich höre nicht hin.

»Wolkow – in die Ausgangsposition! Beine breit, Hände nach oben! Sie kennen sich doch mit dem Rudelkodex aus!«

Die Mannschaft grinst.

Dass Wolkow, unser Familienname, ausgerechnet auf den Beutegreifer, den Wolf hinweist, ist Zufall – dachte ich immer. Jedenfalls bis zu jenem Tag, da ich in unserer Waldsiedlung entdeckte, dass ich anders bin. Ich, Daniil Stepanowitsch Wolkow, Sohn des Biologen Stepan Stepanowitsch Wolkow, der inmitten der Taiga das Verhalten von Wölfen erforschte.

»Hände nach hinten! Na, wird's bald?«

Ihre Griffe sind hart, sie drücken mich auf die Knie nieder. Während jemand meinen Kopf mit dem Stiefel auf die Eisdecke stößt, klicken die Handschellen. Die Stiefelspitze glotzt mich an. Sie hält mich am Boden, sie sagt: Halte die Ordnung aufrecht, befolge die Regeln, respektiere den Kodex!

Unter mir höre ich es rauschen. Ich kann ihn riechen, den Fisch. Nicht mehr lange, und die splitterige Eisschicht über dem Fluss bricht auf. Es schmilzt früher als sonst. Viel früher!

»Aufstehen! Kopf nach rechts drehen, Mund auf!«

Ich belle ihnen meinen stechenden Atem entgegen.

Aber sie, sie sehen nichts, sie riechen nichts, sie hören nichts! Sie sind ja so dumm! Sie kennen nur eines: Aufrüsten.

Ein Lastkraftwagen schlingert heran.

Jetzt sind sie zu elft. Zwei vorn, neun hinten. Allen vorweg der Oberstleutnant in einem nagelneuen Geländewagen mit Allradgetriebe aus Uljanowsk.

»Aufsitzen!«

Das Boxergesicht prügelt mich auf die Pritsche.

Wir scheppern über zugiges Gelände. Auf dem Schnee glänzt eine dünne Eishaut, und der Tatra-Kolos kommt unablässig ins Schleudern.

»Idiot!«, schimpft das Boxergesicht, dem durch das ewige Auf und Ab das Feuerzeug abhandengekommen ist. Genervt hangelt er mit den Füßen danach, erreicht es aber nicht. »Durak, elender!«, flucht er. Seine Stimme zischt dabei wie feucht geschlagenes Holz im Kaminfeuer. Missmutig saugt er am Stummel der erloschenen Zigarette, saugt und saugt – ohne Hoffnung auf Erfolg.

Sein Nuckeln erinnert mich an das gierige Schlotzen von Jungtieren an prallen Zitzen ihrer Mütter. Ziegen, Schafe, Kälber.

Meinen Blick auf sich spürend, stutzt der Sergeant. Plötzlich weiß er nichts mit sich anzufangen und steckt die erloschene Kippe in die Uniformtasche. Gleichwohl umgarnt ihn das teuflische Gefühl von Macht: Auf seiner Seite sitzen sie zu fünft; die Kalaschnikow zwischen den Beinen, jederzeit zum Schlag bereit. Gegenüber, links und rechts von mir je zwei. An der Heckklappe, die Zähne fletschend, knurrt der Hund. All das meint: Kein Entkommen!

Meine Augen treffen den Rüden wie ein Blitz.

Jaulend duckt sich das Tier und verdeckt seine Schnauze mit den Pfoten; es wagt nicht mehr aufzusehen, nur die Ohren bleiben gespitzt. In Gedanken kraule ich sein stumpfes Fell: Tut mir leid, mein Alter, wirklich, aber Strafe muss sein! Schau nur, wo es uns hingetrieben hat, uns beide! Wir sitzen jetzt im selben Boot. Bis ans Ende unserer Tage – ein ganzes, beschissenes Leben lang. Zum Schutz und Wohl der Staatsmacht. Denn wir, mein Alter, sind Freigeister, du und ich. Wir stellen unsere eigenen Regeln auf. Aber dafür muss man die Angst überwinden. Denn nur wer frei von Angst ist, ist wirklich frei!

Diese Lektion habe ich in Viktorino gelernt, von meinem Vater. Stepan Stepanowitsch lehrte sie mich auf seine Weise, da war ich gerade zehn …

Viktorino – Sommer 1974

In den Weiten der südwestlichen Taiga endete der erste Sommerferientag so lau, wie er begonnen hatte. Doch als der Abendwind den süßlich schweren Brombeerduft unter die schlanken Lärchen fächelte, zerknitterte der Horizont und der Himmel hüllte sich in gewitterschwangere Wolken.

In aller Eile jagte Vater den jungen Hengst in das

frisch umzäunte Gehege. Das ungestüme Pferd scheute, sobald er sich ihm näherte. Ängstlich wieherte der Braungelbe und schlug mit den Hinterhufen aus, bis Vater endlich den Bogen raus hatte, eine Handvoll getrockneter Beeren weit genug auf die Koppel zu werfen, wohin das Tier nun freudig trabte.

Vaters Körper entspannte sich.

Erschöpft wischte er sich mit dem Hemdsärmel den Schweiß von der Stirn, bevor er das Gatter schloss. Dann drehte er sich flugs in meine Richtung, fuchtelte aufgeregt mit den Gliedmaßen, als hätte ihn eine Hornisse gestochen. Und obwohl mehr als hundert Meter zwischen uns lagen, drang sein dämonisches Gebrüll herüber, was mir einen eisigen Schauer auf den Rücken legte.

»Hu-ah«, schrie Vater und näherte sich dem Blockhaus, vor dem ich hockte, mit Riesenschritten, »diese Nacht, Söhnchen, wird mondlos sein, feucht und dumpf!« Als er den maroden Holzschuppen erreicht hatte, sah ich, wie gespenstisch er die Augäpfel rollte. Noch unheimlicher aber war seine hohle Stimme. »In so einer Nacht, Söhnchen«, drohte er mir mit dem Zeigefinger, während er sich die Erde von den Stiefeln klopfte und dann polternd die Vortreppe zur Terrasse erklomm, »glaub mir, da kommen sie vom Hügel! Sie kommen, um dich zu holen, hu-ah!«

Sein Monstergeschrei hallte so furchterregend zwischen Dielenboden und Altandach, dass ich johlend unter den Kieferntisch floh, den Mama neben einer

Menge Küchenkram zum Hausputz nach draußen geschleppt hatte.

Prompt steckte sie den Kopf durchs Küchenfenster; das mit Asche bestäubte rote Tuch auf dem aufgelösten Haar war verrutscht, und der Zipfel über ihrem Nacken wippte auf und nieder. »Lass den Quatsch, Stepan Stepanowitsch«, rief sie gut gelaunt, »hilf mir lieber, sonst gibt es heute kein Abendessen, und wir müssen draußen schlafen!«

Schwupp, war der Kopf wieder verschwunden.

Noch schien sie guter Dinge, aber ihre letzten Worte hatten wie der rostige Bass eines alternden Rittmeisters geklungen.

Vater wusste es, genau wie ich es wusste: Sprach Mama ihn in dieser Tonlage mit Vor- und Vatersnamen an, war Dringlichkeit geboten. Und nichts lag ihm ferner, als den Haussegen zu gefährden – nicht schon am allerersten Tag! Beflissen setzte er sich in Bewegung, stoppte jedoch am Tisch, unter dem ich kauerte, und hockte sich zu mir. Der Spott in seinen blitzenden Augen schien zu sagen: Nimm dir die Freiheit, keine Angst zu haben, dann ergreift sie auch keine Macht von dir!

Stepan Stepanowitsch hatte gut lachen. Als Biologe stand er mit wilden Tieren auf DU & DU. Ich hingegen war ein Stadtkind, gewöhnt an Metro, Wachmaschine und Kühlschrank. Bei mir floss Milch aus Flaschen oder weißen Plastikschläuchen, und nicht aus Zitzen einer Ziege! Natürlich gab es da, wo wir eigentlich zuhause waren, auch Tiere. Katzen und Vögel zumeist, seltener Hunde. Es reicht aber nicht, ihnen nur Fressen zu geben, man muss sie auch ausführen. Doch dafür haben die Leute in Moskau keine Zeit, nicht einmal Großmutter Olja.

Hier hingegen, in Viktorino, war alles anders …

Aus dem Inneren des Hauses gellte ein Pfiff; Mama war eben dabei, den verrußten Kohleherd aus der Kochnische zu reißen, um ihn einer Generalreinigung zuzuführen. »Stepan Stepanowitsch«, rief sie, »würdest du vielleicht die Güte haben und die Ratten aus meiner Küche entfernen! Gegen wilde Wölfe habe ich nichts einzuwenden, aber diese Viecher, nein, das geht entschieden zu weit, am Ende bekommen sie noch Junge!«

Vater lachte auf. »Oui, Madame Wolkowa, wir sind schon unterwegs!« Wieder schaute er mich an und lockte: »Nun komm schon, Daniluschka, Rattenjagd! Wenn deine Mutter der Waldkoller überkommt, sind wir geliefert, und es gibt heute kein anständiges Abendbrot, und dann … vielleicht nie wieder!«

Er zwinkerte mir zu; also musste ich mit.

Keine halbe Stunde später war es geschafft. Die Wolken hatten sich auf wundersame Weise verzogen, und das spartanische Mobiliar des Vorpächters stapelte sich auf dem ausgeblichenen Dielenboden der Terrasse vor dem Blockhaus der weitgehend menschenleeren Siedlung. Zur Sicherheit wies ein Schild am Fassadenbalken darauf hin, wie dieses Nest am Ende der Welt hieß: VIKTOR_NO. Dem letzten ›I‹ fehlte zwar die schwarze Farbe, aber ich sah die Umrisse des Buchstabens, sodass der Name im Ganzen zu erahnen war: VIKTORINO.

Während sich meine Mutter nun zufrieden trällernd ihrer Kochkunst hingab, machte es sich Vater draußen unter dem Vordach auf einem abgewetzten Lehnstuhl bequem, um Bücher zu sortieren. Eigentlich! Tatsächlich vertiefte er sich in ›Schuld und Sühne‹ von Dostojewski. Es waren immer furchtbar dicke Wälzer, die Vater las. Tschechow, Tolstoi. Auch Verbotenes von Bulgakow oder Verse von Wladimir Majakowski. Ein Werk von diesem schwermütigen Förstersohn hatte er uns auf der Fahrt hierher vorgelesen. Vorher gab er mir allerdings folgenden Hinweis: »Ein Poem, Daniluschka, kommt ganz ohne metrische Struktur aus!«

Aha!

Eigentlich hätte ich gern gewusst, was überhaupt ein Poem ist. Aber so weit ging die väterliche Aufklärung nicht, und ich wagte nicht zu fragen. Schon den Titel des Werkes ›Wolke in Hosen‹ fand ich eindrucksvoll.

In dem Text ging es um einen dunkelhaarigen Hund, der heult, weil seine Pfote von einer Lok platt gefahrenen worden war. Dann kommen nacheinander Sutane, Salome und Iokanaan, die im Haus des Vaters (wessen Vater eigentlich?) *Tacheles* reden wollen. Sie streiten mit Gott über die Liebe und über das Küssen.

Komisch, am Ende landen sie immer irgendwie bei der Liebe, ob nun bei Majakowski oder Lermontow, den Mama so gern las. Ich kannte jedenfalls weder alle Vor-, Vaters- und Familiennamen der Schriftsteller, die meine Eltern lasen, noch erschloss sich mir der Inhalt ihrer Bücher!

Kaum hatte ich mich mit Arkadi Gaidars ›Timur und sein Trupp‹ unter den Tisch auf der Terrasse verkrochen, tönte ein mächtiges Geheul vom Hügel herab und zerriss die Ruhe der einsetzenden Dämmerung.

»Pst …, der Altwolf!«, flüsterte Vater, legte den Zeigefinger auf den Mund und setzte sich tiefer in den Lehnstuhl. Dann bettete er die Füße salopp auf einen Holzhocker davor und platzierte das aufgeschlagene Buch auf seinem Gesicht; er lauschte dem Geheul des Wolfes, als wäre es Musik.

Erschrocken verließ ich meinen Unterschlupf, kauerte mich zu Vater auf die frisch gescheuerten, aber von der Sonne schon wieder erhitzten Dielen, ließ meinen Kopf zwischen die Knie gleiten und umklammerte meine nackten Füße oberhalb der Knöchel. »Wann werden sie kommen?«, fragte ich so leise es ging, wobei meine Stimme wohl ein klitzekleines Bisschen zitterte.

»Immer noch Angst?«, murmelte Vater unter seinem Buch.

Ich zuckte mit den Schultern, aber mein banger Blick schweifte über seine Schulter hinweg bis hinauf zum Hügel. »Nun sag schon, Papa! Wie viele?«

»Kommt darauf an.«

»Worauf?«

»Ob die Einjährigen noch da sind. Wenn das Futter knapp ist, dann kommt es vor, dass sie früh aus dem Rudel vertrieben werden. Doch dieser Sommer …«

»Wie viele, Papuschka?«

»Gut, gut! Die beiden Leittiere, also Mutter und Vater, und bis zu sechs Welpen. Die habe ich aber selbst noch nicht gesehen! Dann drei oder vier andere Alttiere und die Einjährigen – schätze ich.«

Glaubte er. Ahnte er. Vielleicht!

An diesem Abend wusste mein allwissender Vater nicht mehr als sein zehnjähriger Sohn. Irgendwie beruhigte mich das.

Die Hände in den Hosentaschen, schlenderte ich hinüber in die Küche, wo es nach Borschtsch und frischem Brot duftete. Mama spürte meinen Blick in ihrem Rücken und wandte mir das verschwitzte Gesicht zu. »Na, Hunger?«

Scheinbar lässig in der Tür lungernd, wollte ich das Rätsel lüften, warum sie Angst vor Ratten habe, aber keine vor Wölfen.

»Angst?«, meinte Mama überrascht und warf mir einen ofenwarmen Brotlaib zu. »Nein!«, beteuerte sie. »Ich finde sie nur abstoßend, mit ihren nackten Schwänzen, und …«, ihr Mienenspiel verriet den Ekel, den sie empfand, sofern sie auch nur an die Viecher dachte, »in einer ordentlichen Küche haben die nun wirklich nichts zu suchen! Oder möchtest du morgen gegrillten Rattenschwanz essen?«

Wir lachten.

In der folgenden Nacht lag ich unruhig auf meinem Bett; vor den fremden Geräuschen schauderte mich. Überall sah ich gelbe Augenpaare. Ringsherum flammten sie auf: da, neben dem Bücherregal! Nein, da – am Bettende! Und dort, hinter dem Fenster! Regelrecht umstellt war ich von listig verschlagenen Augenpaaren. Darunter öffneten sich grimmig fletschende Riesenmäuler mit spitzen weißen Zähnen, die nach meinem Leben trachteten.

Ich wälzte mich hin und her, fuhr hoch, als ich irgendwo ein Kratzen zu hören glaubte, starrte in die rabenschwarze Nacht, bis Mama zu mir gekrochen kam, meine Füße wärmte und mich mit ihren starken Armen umschlang. Als endlich der Schlaf über mich kam, erwachte draußen bereits der neue Tag.

*

Um die Mittagsstunde lugte die Sonne gelbgolden durch die Baumkronen, und unter meinem Fenster wurde es stickig heiß. Ich wankte vom Bett zur Küche hinüber.

»Mamulja, ich habe Durst!«

»Na, du Langschläfer?« Liebevoll strich Mama durch mein zerzaustes Haar und drückte mir ein Glas Milch in die Hand. »Hier nimm, frisch von der Ziege gezapft!«

Hm, *gezapft*. Schon wieder so ein Wort, das ich

nicht verstand. Ich schwieg: aus kindlicher Scham darüber, dass ich so vieles nicht wusste, aus Panik, weil wir hier mit wilden Tieren leben mussten und irgendwie aus Dankbarkeit, dass ich schweigen durfte – bei ihr.

»Magst du Bliny mit Fisch oder lieber Borschtsch und Smetana?«, fragte Mama und pustete sich den feuchten Pony aus der Stirn.

Ich wollte beides, erst die Suppe mit einem Kleks saurer Sahne und dann die gefüllten Eierkuchen aus Buchweizenmehl.

»Bei so einem Wolfshunger musst du heute aber kräftig helfen, Daniluschka«, sagte sie lächelnd, »sonst wirst du noch dick und rund wie Großmutter Olja!« Mama zeichnete mit den Händen eine deutliche Wölbung vor ihren Bauch.

»Nie und nimmer wird er so fett wie deine Mutter, Katja!«, meinte Vater, der durch die Küchentür trat. »Der Junge kommt schließlich nach mir, hat Wolfsblut in den Adern, ist flink und behände!«

»Stiefel aus, du Unhold!«, rief Mama, jenen Lappen nach ihm werfend, den sie eben noch zum Putzen benutzt hatte.

Papa fing das klatschnasse Küchentuch mit einer Hand. »Sohn, sieh genau hin: Das ist Macht!«, sagte er scheinbar verstimmt und wirbelte den Stoff wie ein Lasso in der Luft, bevor er ihn sich als Turban um den Kopf wickelte. »Es ist nicht wichtig, dass ich im Schweiße meines Angesichts den Zaun ausgebessert habe, der dich und deine Mutter vor räuberischen Tieren beschützen wird. Nein! Es ist auch nicht wichtig, dass Pferd, Ziege und Hühner im Gehege sind und ich reichlich Wasser ins Haus geschleppt habe. Nein, das alles ist unwichtig! Wichtig ist, dass ich meine Stiefel vor dem Haus ausziehe, sonst …«

Mama küsste ihn auf das stopplige Kinn und deutete eine Art Hofknicks an. »Oh Gospodi, mein Herr und Gebieter, darf ich Ihnen zum Ausgleich einen Borschtsch servieren?«

»Sie dürfen nicht nur, ma chère épouse, Sie müssen! Dawai, bystro, bystro!«, trieb Vater sie zur Eile an und gab ihr einen Klaps auf den Po.

Beim Essen machte er mir einen Vorschlag: »Daniil, draußen, gleich neben dem Unterstand mit der zweiten Feuerstelle, gibt es eine alte Regenwasserzisterne. Im Augenblick ist sie trocken. Was hältst du davon, wenn du sie auf Schäden überprüfst? Du bist klein genug und schaffst es bestimmt hineinzuklettern. Bis der Regen in einigen Wochen einsetzt, könnten wir sie mit ein paar Brettern als Speisekammer umfunktionieren. Deiner Mutter würde das sicher helfen.«

»Oh ja, die Hausfrau ist dafür!«, jubelte Mama.

Sonst waren sie sich nie einig, was ich durfte und was nicht. Normalerweise stritten sie stundenlang darüber. Diesmal hatten sie sich offenbar im Vorhinein abgestimmt, damit ich was zu tun bekam.

»Klar«, spielte ich mit. »Wo liegen die Bretter?«

»Tja, die meisten müssen wir noch schlagen.

Schließlich sind wir hier Selbstversorger!«

»Darf man das denn, Papa …, einfach einen Baum fällen?«

»Wer sollte uns das verbieten, Daniluschka?«

»Na, zuallererst die Sowjetregierung. Mindestens aber der Revierförster. Der Gemeindebürgermeister, der örtliche Parteisekretär oder der Vorsitzende der Kolchose …«

»Schon gut, schon gut!«, unterbrach er mich und feixte. »Nein, niemand hindert uns daran, auf diesem Grundstück einen Baum zu fällen. Das Land mit der Waldstation bis hoch zum Hügel hat das Institut für uns gepachtet. Hier dürfen wir alles. Nur Leute dürfen nicht zu Schaden kommen.«

»Und im Wald?«

»Im Wald kann ich das Verhalten der Tiere erforschen, Pilze und Beeren sammeln. Rein theoretisch ist es mir aber nicht gestattet, dort etwas zu verändern. Wie gesagt, theoretisch!«

»Und praktisch«, mischte sich Mama ins Gespräch, »stellt das illegale Abholzen eine große Gefahr für unsere Wälder dar.«

»Sicher, meine Sonne! Aber im Falle des Falles gibt es *praktisch* niemanden, der mich daran hindern wird. Denn außer dem Revierförster lebt hier weit und breit keiner – nur wir. Alle anderen sind weg. Dazu kommt der sumpfige Boden im Frühjahr, der viele Schnee im Winter. Wer, frage ich euch, wer sollte mich daran hindern, einen Baum zu schlagen?« Vater schaute sich um, als erwarte er, irgendwo im Haus einen Spion zu entdecken. Flüsternd fügte er hinzu: »Das sollen sie mal wagen, *die* sind doch alle selbst korrupt!«

»Stepan Stepanowitsch, nun ist es genug, das versteht der Junge noch gar nicht!«

»Zeit wird's, Katjuscha, Zeit wird's!« Vater sprang auf und griff nach seiner Pfeife.

Oho, jetzt geriet der Haussegen doch noch ins Wanken; *die* Gelegenheit, sich auf den Hof zu verdrücken!

Mit Fernglas und Taschenmesser ausgestattet, machte ich mich daran, besagte Zisterne zu erkunden. Was ich jedoch vorfand, war enttäuschend – ein leeres Erdloch, das man mit einem Deckel verschlossen hatte. Zu diesem Zweck waren einige Bretter aneinander genagelt worden, die wiederum ein großes rundes Ganzes ergaben. Ziemlich primitiv!

Ich schob den aufgeweichten Deckel beiseite und schaute mich um, ob sich in der Nähe eine Leiter finden ließ, die ich hineinstellen konnte. Das Glück war mir hold; unweit der Feuerstelle entdeckte ich ein Tau. Es war mit einem Karabinerhaken versehen, der wiederum an einem Haken in der Hauswand steckte. Wahrscheinlich hatte die Konstruktion schon früher dazu gedient, Eimer oder Menschen herabzulassen. Zur Probe zog ich kräftig an dem lockeren Tauende. Schließlich wollte ich mein Dasein nicht unversehens in 'zig Metern Tiefe fristen.

Das Tau schien zu halten.

Ich ließ das Seil in den schwarzen Erdschlund gleiten, wo es schwer gegen die Seitenwände aus Ziegelstein schlug und ein dumpf klopfendes Geräusch von sich gab. Dann stieß das Tauende auf den Boden. Jetzt musste ich nur noch fix Gummistiefel anziehen und die Handschuhe in meinem Koffer finden, dazu eine Taschenlampe.

Das hieß: Zurück ins Haus!

Als ich auf leisen Sohlen ins Kämmerchen schlich, zankten sie in der Küche, und ich zog möglichst geräuschlos den Koffer unter meinem Bett hervor.

»Das sind doch alles Idioten, Katja ...!«, rief Vater, wobei sich seine Stimme überschlug; offensichtlich hatte ihn die Diskussion mit Mama in Rage gebracht. »Mit dieser Einstellung verhindern die Apparatschiks doch lediglich den Fortschritt, sonst nichts. Sie sichern ihre winzig kleine Macht auf Kosten der Bevölkerung! Ich sage nur: Diktatur des Proletariats! Diktatur wie Tyrannei, wie Gewaltherrschaft, wie Absolutismus!«

Irgendwas splitterte auf dem Küchenboden.

»Stepan, lass das Geschirr in Ruhe! Was willst du eigentlich? Sie haben uns doch hergelassen! Hier, mein Lieber, kannst du endlich in Ruhe forschen ... und ich, ich auch.«

»Du – hier forschen? Ha, du willst wohl die Wolfskinder erziehen, ja? Ich sag dir was: Abgesetzt haben sie uns in diesem Urwald! Ohne Forschungsmittel, ohne geeignete Technik, ohne Kontakt zum Institut. Sollen wir vielleicht nach Moskau trommeln? Weißt du, Katja, wie ich das nenne? Verbannung nenne ich das, jawohl, kalte Verbannung!«

»Schrei doch bitte nicht so, Stepan, der Junge muss ja nicht gleich alles mitbekommen, er ist verängstigt genug!«

»Ja, ja … – auch so ein gutes Beispiel!« Vater wurde immer wütender. »Wo bitte, frag ich dich«, brüllte er, »wo soll Daniil jetzt zur Schule gehen?«

»Ich werde ihn unterrichten.«

»Aha, und wie nennst du das?«

»Selbstversuch, wie in der pädagogischen Forschung der Sowjetunion vorgesehen: Experiment und Beobachtung!«

»Na klar, ich seh's schon vor mir: Unterricht eines Zehnjährigen auf dem Bärenfell – eine pädagogische Abhandlung von Katharina Wolkowa. Pah, ausgerechnet von dir werden sie eine Studie akzeptieren! Nein, sieh es endlich ein, du passt nicht in ihr Denkschema! Du-u warst nur der hässlich kleine Appendix des letzten wahren Professors der pädagogischen Wissenschaften, an den sie sich nicht rantrauten in Moskau. Und nach dessen frühem Tod – übrigens habe ich Grund zur Annahme, dass *das* kein Zufall war – haben sie dich eins, zwei, fix fallen lassen. Wie eine heiße Kartoffel! Wissenschaftlich gesehen bist du tot.«

Tot …, was Vater damit wohl meinte?

Mama schien mir doch ziemlich lebendig. Sicher hatte es damit zu tun, dass sie nicht als Wissenschaftlerin arbeiten durfte. Weshalb, verstand ich nicht. Es störte mich auch nicht, so hatte sie viel Zeit mit mir und Großmutter Olja im Moskauer Zoo verbracht, war mit uns sogar in den Vergnügungspark gegangen, und abends hatte sie stundenlang vorgelesen.

Die Stimmung in der Küche änderte sich von einem Moment auf den anderen.

»Ha, ha … ups«, kicherte Vater plötzlich. »Eher wird sich … ha, ha, Nadeschda Krupskaja im Grab umdrehen! Wobei, die Pädagogik als sowjetische Wissenschaft, hi, hi, hi … muss ja vor allem in die Zukunft gerichtet sein. Und da …, lass das doch, Katja! Da Systemkritiker, wie wir, zukünftig ihre Kinder mit in die Verbannung nehmen werden, wäre dein Werk zum Privatunterricht vielleicht genau das Richtige. Aber nein, was rede ich da: privat! Das ist ja Anarchie! Nein, Selbsterziehung muss es heißen. Denn Achtung, Frau nimm die Hände weg! Ich zitiere jetzt nämlich deinen geliebten Herbart: *Man erhalte dem Zöglinge die Kräfte, die er hat. Einen Menschen schaffen oder umschaffen kann der Erzieher nicht; aber manche Gefahren abwenden und sich eigner Misshandlung enthalten, das kann er, und das ist von ihm zu verlangen.*«

Plötzlich war Ruhe in der Küche. Nur das wohlige Stöhnen meines Vaters war zu vernehmen. Dann forderte er: »Nicht aufhören, weitermach…«, und eine ganze Reihe schmatzender Geräusche folgte.

Verflixt, es wurde Zeit, dass ich die Handschuhe fand!

»He – Stepan, weißt du eigentlich, dass die Krupskaja immer unter der Fuchtel ihrer Mutter stand? Elisawjeta Wassiljewna war überall dabei, selbst in der Verbannung mit Lenin in Schuschenskoje! Kannst du dir das vorstellen? Zu dritt! Wann hatten die jemals ungestört Sex?«

»Das fehlt mir noch, dass deine Mutter hier auftaucht!«, unterbrach Vater sie und legte seine Schmusebärstimme auf. »Nee du, die dicke Olja lass mal lieber in Moskau, sonst gibt es nie eine kleine Katjuscha, und das wäre doch sehr schade!«

Sie prusteten los.

Ich verstand kein Wort, trotzdem war alles klar. Man hatte uns nach Viktorino gelassen, damit Vater seine kritischen Schriften über den unzulänglichen Naturschutz in der Sowjetunion weder hier noch anderswo veröffentlichen würde. Stattdessen bot man ihm an, den Feldversuch mit Wölfen in der Taiga durchzuführen – ein lang gehegter Traum! Einzige Bedingung: Er sollte Mama mit ihren verdrehten pädagogischen Ansichten gleich mitnehmen. Vornehmlich, damit er in den folgenden zehn Jahren Gesellschaft hatte. Oder zum Schutz gegen die wilden Tiere. Oder vor wer weiß wem.

Jahre später erfuhr ich, wir waren politische Gefangene wie er. Ein Garant, dass Vater keine Verbindung mehr zur *Zivilisation* aufnehmen konnte und ihn *seine Leute* auf diese Weise nach und nach vergessen würden. Einziges Ziel des KGB war es, die Starken zu schwächen, bis man sie vernichten oder zu willfährigen

Vasallen machen und sie schließlich eingliedern konnte. Es sei denn, die Starken waren vorher eingeknickt und hatten sich auf die eine oder andere Art selbst zerstört. Gelegenheiten dazu gab es ja viele.

Endlich, da waren ja die Lederhandschuhe!

Vorsichtig raffte ich meine Sachen zusammen und stahl mich aus der Hütte, denn in der Küche war es verdächtig still geworden. Gut, dass draußen eine Aufgabe auf mich wartete!

Die Sonne schien gleißend, aber aus dem Erdloch kroch Sumpfkälte. An diesem düsteren Loch verspürte ich auf einmal eine merkwürdige Verlassenheit. Wie vor einem tosenden Meer am Rande einer Klippe. Ehe mich jedoch ein leichtfertiger Schritt zum Absturz führen konnte, griffen meine Hände nach dem Tau. Ein letzter Blick nach unten, dann ging's Stück für Stück abwärts. Ganz so, wie ich es im Moskauer Kino mit Großmutter Olja gesehen hatte: Hand, Hand, Fuß, Fuß. Den Rücken fest an die Wand gepresst, drückte ich die Stiefelsohlen an die gegenüberliegende Seite und glitt die fünf, sechs Meter vorsichtig hinab. Auf der Hälfte der Distanz verlor sich allmählich das Licht, und trotz des Leders über meinen Händen, brannten die Innenflächen wie Feuer. Die Muskeln in den Oberarmen spielten verrückt, aber ich hielt durch.

Der Zisternenboden war muffig und klamm, zum Hinsetzen völlig ungeeignet.

Ich lehnte mich an die Steinmauer und schnaufte. So mussten sich Kolja und Geika in der Gefangenschaft von Kwakins Bande auch gefühlt haben, dachte ich, bis *Timur und sein Trupp* sie befreiten. In diesem Moment schwor ich, nie mehr Angst zu zeigen.

»Nie mehr«, flüsterte ich. »Nie, nie wieder!«

Das Geräusch war wohl bis nach oben gedrungen, denn plötzlich rief Vater: »Daniil, bist du etwa da unten?«

»Natürlich, ich muss doch meine Aufgabe erfüllen!«

»Oh, Gospodi!«, rief Vater stolz und stierte herab; sein Kopf war nur schemenhaft zu erkennen. »Und, schon wilde Tiere gesichtet?«

»Nein, nur einen verrosteten Dosenöffner und jede Menge Nägel, sonst nichts.«

»Gut, dann komm wieder hoch!« Der Schattenkopf verschwand.

»Pa-apa, Pap…!«

Der Kopf tauchte wieder auf. »Ja?«

»Gibt es irgendwo eine Leiter? Ähm, mit dem Tau wird's hinauf ziemlich schwierig.«

»Warte, ich glaub, ei… Strickleiter, ich hole sie!« Tatsächlich schleppte er wenig später zwei Seile heran. Links und rechts waren alle halbe Meter Knoten gebunden, die jeweils eine ziemlich marode Holzsprosse aus Buche hielten. Achtsam ließ Vater das Gebilde zu mir hinab.

Welche Wohltat, einfach Stufe für Stufe hinauf zu klettern!

»Gratuliere, Söhnchen!«, jubelte Vater, als er mich über den Sims zog. »Und, ab heute keine Angst mehr, ja?!«

»Angst, was ist das? Kenn ich nicht!« Ich plusterte mich wie unser Hahn Juri auf, wenn er auf dem Misthaufen kräht, und zeigte meine zuckenden Armmuskeln.

Papa nickte. »Dagegen hilft nur Training. Also, wir holen jetzt Holz zum Abdecken des Zisternenbodens! Liegt ja noch genug rum. Dann kannst du damit schon mal unten die Vorräte aufschichten! Übrigens, Daniluschka: Hiermit ernenne ich dich zum staatlich anerkannten Aufschichter!«

Wir lachten. Vaters Bauch schwabbelte dabei ein wenig über dem Hosenbund, während ich meinen absichtlich aufblasen musste, damit er überhaupt zu sehen war. Wir lachten und wieherten, schlugen uns auf die Schenkel, bis wir erschöpft auf die Wiese fielen. Den ganzen restlichen Nachmittag arbeiteten wir Hand in Hand, sprachen wenig, und jeder dachte sich seinen Teil: Ich dachte darüber nach, wie ich es fertigbrachte, keine Angst mehr zu zeigen. Sie zu haben, an einem Ort, wo die Nacht gelbe Augen hat, war gewiss nicht sträflich. Mein Vater dagegen sann wohl darüber nach, wie er aus mir schnellstens einen Mann machte, damit ich in der Wildnis überleben konnte. Wir dachten nach, und nebenbei stapelten wir die herumliegenden Bretter auf; der eine Stoß würde gutes Brennholz abgeben, der andere sollte als Baumaterial für Mamas Speisekammer dienen.

Bis weit nach Einbruch der Dunkelheit schufteten

wir ohne Unterlass. Doch irgendwann kam die Erschöpfung, und wir wankten in Mamas Refugium, die Küche, um endlich ein üppiges Mahl zu uns zu nehmen.

Vater schlug auf die Tischplatte. Er rief: »Frau, wir haben hart gearbeitet, bring Fleisch und Bier!« Dabei blinzelte er mir zu, und ich fühlte mich wie ein richtiger Mann.

»Ich werd‘ euch – Bier, sauren Kwass könnt ihr haben!« Mama lachte und bewirtete uns mit allem, was die Vorräte hergaben.

Obwohl ich mir sicher war, dass in dieser Nacht bernsteingelbe Augenpaare um mein Bett herumgeisterten, schlief ich ruhig, träumte von ausströmender Milch, die aus einem Messinghahn floss, der unter Mascha, unserer Ziege, angebracht war. Und Juri, der Hahn, hüpfte Sprosse für Sprosse über eine Strickleiter auf Maschas Rücken!

Ankunft im Straflager Nr. 18 – Polareule

Der Lastkraftwagen bremst ohne Vorwarnung. Wir stürzen von den Bänken. Der Hund jault auf; wahrscheinlich ist ihm jemand auf den Schwanz getreten.

»K tschortu!«, wünscht das Boxergesicht jemanden wütend zum Teufel.

Sie sind konfus, sie sind gereizt.

Mit dem Gewehr im Rücken hetzen sie mich runter in den Schnee. »Na los, mach schon – in die Ausgangsposition!«

Auf vereisten Wegen treiben sie mich: »Marsch, Marsch!«, an fünf Sperrzäunen vorbei bis in die Strafanstalt. Aber irgendetwas irritiert sie.

»Sergeant Koslow …!«

»Zu Befehl, Genosse Oberstleutnant!«

»Nachschauen, was mit den Hunden ist!«

»Jawohl – nachschauen, was mit den Hunden ist!« Das Boxergesicht greift nach der Hundeleine, zerrt den aufsässigen Rüden hinter sich her und begibt sich hinüber zu den Käfigen.

Ich bin mir sicher: Die Hunde liegen im Schnee, sie heben nicht einmal ihre Köpfe.

Das Boxergesicht kommt ohne Hund zurück. »Genosse Oberstleutnant – die Hunde … Sie liegen im Schnee.«

»Wie, im Schnee?«

»Sie liegen nur so da.«

»Sind sie tot?«

»Nein, Genosse Oberstleutnant – sie liegen nur.«

Der Oberstleutnant fixiert mich mit grimmigen Augen.

Grundgütiger, er hat eine Vorahnung!

Aber er kann es sich nicht erklären. Noch nicht. Und er ist viel zu schlau, um darüber zu reden. Nicht hier! »Darum kümmern wir uns später!«, bestimmt er. »Sergeant Koslow …!«

»Zu Befehl, Genosse Oberstleutnant!«

»Führen Sie den Gefangenen Wolkow in die Zelle!«

»Jawohl – den Gefangenen Wolkow in die Zelle führen!«

Es geht los!

Vorbei an ‘zig Wachtürmen schinden sie meinen Körper im Laufschritt durch den Sicherheitskorridor: Vom Gatter aus nach links, den schneebedeckten Trampelpfad entlang, dann die Treppenstufen hoch … Mintgrüne Fassaden? Hm, auch eine Form der psychologischen Kriegsführung.

Es geht weiter!

Im Laufschritt hinein in das zweistöckige Gebäude. Links, rechts, links. Ein Labyrinth aus Gängen, und am Ende Türen, nichts als Türen! Türgitter, gepanzerte Türen, Türen aus Eisen oder Stahl, Türen mit Vorhängeschlössern, Türen mit Riegeln, blaulackierte Tü…

Sie führen mich im Kreis.

Drei-, nein viermal kommen wir am selben Wachmann vorbei. Sie wissen, dass ich es weiß. Sie haben Angst. Darum!

Jetzt wird sie übermächtig, ihre Angst. Sie verbinden mir die Augen.

Ein schwarzer Gang, und nichts ist, wie es aussieht!

Menschliche Gerüche werden von Rattenpisse überdeckt: die schweißige Beklommenheit der Wachleute, das Dahinsiechen der Insassen, selbst der frische Kreideschlamm an den Wänden.

Unter der Augenbinde kann ich zwar die Nummer nicht erkennen, aber ich weiß es: zweites Stockwerk, links von der Treppe zwanzig Türen den Gang entlang, dann rechts zwei Zellen, dann wieder rechts noch einmal zehn … Wir stehen vor der Zelle mit dem Fenster zum Innenhof; genau in der Mitte des schwarzen Ganges. Die Nummer lautet: L 232.

Endlich, die Verriegelungen krachen zurück. Handschellen ab. Sie schleudern mich in die Zelle. An diesem Abend – oder ist es Nacht? – empfinde ich nur noch das Verlangen nach Ruhe.

*

Stiefel trampeln, Schlüssel klappern. Sie kommen zurück! Die Hunde bellen, ihre Laute dringen durch ein vergittertes Loch hoch oben, das sie hier Fenster nennen.

Wie lange habe ich geschlafen? Eine Minute, eine Stunde?

Die Zelle gähnt dunkel.

Eine Pritsche, ein übel riechendes Klosett mit Spülvorrichtung, aber – na klar, ohne Wasser! Ein winziges Büchergestell an der Wand neben der Tür, das gerade genug Platz für Zahnbecher und Seife bietet, mehr nicht. Blaulackiert! Kein Tisch, kein Stuhl.

Die Sichtklappe fällt. »Gefangener Wolkow – in die Ausgangsposition!«

Ich rapple mich hoch und stelle mich in die Mitte der Zelle. Beide Arme in Schulterhöhe, weisen die Innenflächen meiner Hände zur Tür.

Die zweite Klappe fällt. Ein versteinertes Gesicht starrt mich durch die Luke an. »Zwei Schritte vor, zur

Tür!«, bellt die hassverzehrte Fratze.

Ich gehorche.

Ein Kanten Weißbrot landet auf der Ablage.

»Nehmen Sie das Brot!«

Ich ergreife das Brot.

»Zurücktreten!«

Ich trete nach hinten. Zack, zack!

Der Funktionshäftling stellt eine Schüssel mit Suppe auf die Ablage.

»Wieder vor, Teller fassen!«

Ich befolge die Anweisung und ziehe beidhändig den dampfenden Teller an meinen Leib.

»Zwei Schritte zurück!«

Ich trete von der Klappe. »Wohin mit dem Teller?«

»Aufs Bett!«

Ich balanciere den Teller zur Pritsche.

»In die Ausgangsposition!«

Ich stelle mich in die Mitte der Zelle. Beide Arme in Schulterhöhe, weisen meine Handinnenflächen zur Tür.

»Nehmen Sie das Getränk!«

»Was ist das?«

»Milch.«

»Ich will keine Milch!«

»Das ist Ihr gutes Recht!«

Die Klappe scheppert. Der Lärm draußen wird stumpf, irgendwann ist alles still. Nichts bewegt sich mehr auf dem schwarzen Gang. Nur die Suppe auf meiner Pritsche zieht Schleierschwaden in Richtung

Zellendecke.

Es gibt keinen Löffel.

Ich versuche es im Knien, im Stehen, kauernd vor dem Bett. Am Ende hocke ich auf dem Boden. Den Rücken am Bettgestell, tunke ich das Brot ins heiße Fettwasser und fische Stück um Stück grob geviertelter Kartoffeln aus dem Plastiknapf.

Das Essen schmeckt wie das Fallrohr an der Latrine in Viktorino.

Damals, als ich mit der Zunge daran hängenblieben war; eine widerliche Mischung aus korrodierendem Blei, Blut und Kot …

Viktorino – Sommer 1974

Als die Sonne hinter den Baumstämmen verschwunden war, hockte ich tief in der Zisterne auf dem Boden, wartete und lauschte.

Ich hatte keine Angst mehr.

Nach sieben glutheißen Tagen und rabenschwarzen Nächten in der Waldsiedlung war mir das Rudel so vertraut, dass ich all die Geräusche unserer neuen Nachbarn kannte.

Ich hatte mich an sie gewöhnt.

An das Heulen, Jaulen und Knurren in der Dämmerung, an das Knicken und Knacken drum herum und auch an die gelb strahlenden Bernsteinaugen in der Dunkelheit, wenn sie dann und wann zu uns herunterpirschten, weil das Jagdglück sie verlassen hatte und der Hunger übermächtig geworden war.

Da, das Heulen des Altwolfes!

Ich griff nach Vaters Fernglas und kletterte die Strickleiter noch oben.

»Auf zur Forellenjagd!«, rief der Grauhaarige, um die Seinen oben auf dem Hügel zu sammeln; das Flussbett jenseits der Waldsiedlung wartete. Da, wo die Forellen so hoch sprangen, dass sogar ich sie in der Luft erhaschte, durften auch die Kleinsten unter ihnen auf ein reichliches Abendmahl hoffen.

Auf der Strickleiter stehend, sah ich sie kommen.

Allen voran – er, der Altwolf.

Diesmal waren sogar die Welpen dabei, nie zuvor hatte ich sie gesehen! Tapsig streiften die Kleinen um die Siedlung.

Dann rasteten alle zusammen hinten am Hain und naschten Trauben, die so groß und so blau wie Pflaumen waren.

Vater hatte Recht; zwei Leittiere gaben den Ton an, ihnen folgten vier andere, zumeist weibliche Alttiere, dann kamen die Einjährigen.

Sechs an der Zahl.

Wie viele Männchen darunter waren, konnte ich durch mein Fernglas nicht erkennen. Genauso wenig wusste ich vom neuen Wurf.

Drei, fünf, sieben … zählte ich. Sieben Welpen!

Sagte Vater nicht, es wären höchstens sechs, wenn überhaupt? – Ha, wenn ich ihm heute Abend davon berichtete, würde er aber Augen machen. Sieben Welpen, sieb…!

Das Rudel stob auseinander.

Ich wollte gerade zurück ins Innere der Zisterne kraxeln, da hörte ich es aus der Brombeerhecke rascheln.

Da, wieder!

Nein, nichts …, oder doch? Ein Jaulen! Oder war es ein Heulen? Ja, irgendwie klang es, als würde jemand heulen.

»Hu, hu …«, heulte ich vorsichtig.

Meine Heulkünste waren sicher nicht so ausgeprägt wie die meines Vaters, aber für den Anfang fand ich sie ganz brauchbar.

»U-hu, uhu «, tönte es aus dem Gestrüpp.

Wenn man genau hinhörte, schien es, als heule dort eine Eule.

Grundgütiger, hoffentlich war es kein allzu großer Vogel! Vielleicht sogar ein Uhu? Das würde Sinn machen. Aber mit Flattergetier kannte ich mich noch weniger aus als mit Säugern.

Mist, Vater war nicht da! Also musste ich nachsehen.

Ich machte es, wie Stepan Stepanowitsch es mir beigebracht hatte: zunächst durchatmen, dann Kontrolle der Ausrüstung. Stiefel, Feldjacke, Handschuhe – ja. Taschenlampe, Messer, Stock – auch ja.

Alles klar, ich war bereit!

Das Messer zwischen den Zähnen, robbte ich auf allen Vieren über den staubigen Weg hinüber zu den

Büschen, wo ich aus dem Augenwinkel etwas Dunkles zwischen den Ästen wahrnahm.

Ein Wolf!

Ein schwarzes Wölfchen …, nicht mehr ganz so klein und ganz so niedlich, wie es mir von weitem vorgekommen war, aber immer noch ein Welpe – etwa acht bis zehn Wochen alt, der im Gestrüpp festhing.

Faszinierend!

»Was machst du da?«, redete ich auf das Wolfskind ein, während mein Versuch, sein Maul mit einer Schnur zu fixieren, kläglich misslang, denn es entwickelte ungeahnte Kräfte, um sich daraus zu befreien. »Hör auf zu beißen, sonst kann ich nichts für dich tun!«, schimpfte ich.

Ein neuer Plan musste her!

Ich zog Vaters Feldjacke aus, riss mir das Hemd vom Oberkörper und stülpte es dem Wolfskind über das Maul, wobei der Vierbeiner nun heftig knurrte und kratzte, weil er plötzlich nichts mehr sah.

Endlich gelang es mir, die Dornen zu entfernen.

Kaum dem Rutengewirr entsprungen, spannte das Wölfchen seinen Leib, raste über den Weg bis zur Zisterne, den ich zuvor entlanggerobbt war, sprang auf den morschen Sims und lugte mutig in den tiefschwarzen Schlund.

Ich hatte Mühe hinterherzukommen.

»U-hu, uhu«, heulte das Wolfskind in die Zisterne, als ob da unten jemand wäre.

»U-hu, uhu«, antwortete das Echo.

»U-hu, uhu«, ging es hin und her.

»Pass auf!«, rief ich noch, aber plötzlich stellte der Welpe sein Fell auf, beugte sich weit über den Rand und … fiel.

Einem Impuls folgend, sprang ich vor, packte den Nacken des Naseweises und stürzte mit ihm auf den Boden vor der Zisterne. Dabei stieß ich mit dem Kopf an die etwa zehn Zentimeter hohe Holzverschalung, prallte ab, drehte mich auf den Rücken, sodass der Schwung reichte, um den angrenzenden Wiesenhang hinunterzukullern bis an das Latrinenhäuschen, wo wir in eine mit Schlamm gefüllte Grube plumpsten; Vater hatte dort den ganzen Tag über gebuddelt, um ein Wasserrohr zum Lokus zu leiten.

»Lochklosett mit Wasser«, hatte Mama beim Frühstück das Latrinenhäuschen genannt und gelacht, dass ihr die Tränen in die Augen stiegen. Im Stillen schien sie aber stolz darauf zu sein, weil Vater ihr alles so bequem wie möglich herrichten wollte.

Während ich in dieser stinkigen Brühe planschte, musste ich an Mamas Frage denken: »Wie wird das dann im Winter, Stepan Stepanowitsch – haben wir dann ein Lochklosett mit Eiswürfeln?« Für weitere Überlegungen blieb keine Zeit, denn das Wölfchen biss jetzt mit seinen spitzen Zähnen so kräftig in meinem Arm, dass ich es eins, zwei, fix nach oben warf.

Prompt wurde ich angepinkelt.

»Bäh, kannst du nicht aufpassen?« Ich schüttelte mich.

Das Wolfskind lugte von oben herab.

»Verstehe, du bist noch klein. Warte, ich komme hoch!«

Da mir hier keine Strickleiter zur Verfügung stand wie hinten in der Zisterne, versuchte ich mein Glück und kletterte am Fallrohr hoch. Als ich schon meinte, ich hätte es geschafft, rutschte ich ab und fiel zurück in die feuchte Kuhle. Beim Absturz streifte ich mit der Zunge das Rohr. Wie, konnte ich mir im Nachhinein auch nicht erklären, aber ich hatte mir dabei die Zungenspitze angerissen, und der Geschmack des Blutes mischte sich mit jenem des Bleirohrs. Dazu kam noch der widerliche Wolfskot, der daran klebte … Hierbei an Instinkt zu denken, wäre mir damals nicht eingefallen, daher schob ich die tierische Darmentleerung beim unerwarteten Wurf nach oben auf das Naschen zu vieler Brombeeren und Trauben.

Mühsam erreichte ich den Grubenrand.

Das Wolfskind war noch da, es wälzte sich im Gras und schien die Sonnenstrahlen auf seinem weißen Bäuchlein zu genießen.

Da machte ich eine Entdeckung!

»Hi, hi, du bist ja ein Mädchen!«, rief ich feixend und fegte mein nasses Haargestrüpp von der Stirn, dass mir die Schweißperlen wie Rinnsale in die Augen kullerten. »Du heißt Luna!«, bestimmte ich. »Luna wie der Mond – du verstehst?«

Ich zeigte auf ihr Bäuchlein.

Luna streckte sich platt aus und hechelte erschöpft.

Ich legte mich vor sie und schaute ihr fest in die Augen. »Los, Luna, jetzt heulen wir mal zusammen, ja!?«

Von wegen, heulen!

Luna blinzelte mir zu. Das Funkeln der einsetzenden Dämmerung zog auf ihre schwarzblauen Pupillen Lichtkreise von innen nach außen, und es war dieser Schimmer in den Augen, dass es aussah, als würde sie weinen. Doch Luna weinte nicht, sie blinzelte. Lauernd drückte sie sich ins spärliche Gras. Die Ohren hoch aufgestellt, beobachtete das Wolfsmädchen, wie ich auf den noch tagwarmen Halmen, bäuchlings liegend, nach einem wurmstichigen Apfel griff. Bevor nun das Fruchtfleisch seinen süßlichen Geruch vollends in die Schwüle der sommerlichen Taiga dünsten konnte, brach der Biss in die abendliche Stille.

Der Widerhall des knirschenden Tons klang, als ob jemand dort hinten am Waldrand auf dürrem Astwerk herumgeistern würde. Aber da war niemand. Niemand, außer uns beiden.

Trotz der zerfetzten Hosen, die meinen feucht kühlen Allerwertesten hier und da freilegten, dass ich Gänsehaut bekam, kaute ich in aller Ruhe. Ich biss in den hellgelben Apfel, kaute und nagte und knackte, spuckte das pergamentartige Gehäuse auf die hohle Hand, pulte die Kerne heraus und stopfte sie schließlich, wie Vater es mir gezeigt hatte, in einen ausgehöhlten Birkenzweig.

Mit dem handgroßen Blasröhrchen begann ich, auf

die jetzt staubgraue Welpendame zu zielen als sei es Schrot. »Fass!«, lockte ich. Schon zischte eine Apfelkernlawine über Lunas Kopf hinweg.

Links, links, rechts pfiff es ihr um die Ohren.

Luna sprang.

Doch, entgegen meiner Erwartung, hüpfte sie weder auf zwei Beinen, noch wirbelte sie spielend in der Luft herum oder klappte die Pfoten zusammen, als wolle sie die Kerne erhaschen.

Nein, Luna bevorzugte den Rückwärtsgang!

Während sie tapsig nach hinten robbte, wieherte ich vor Lachen über diesen ängstlichen Wolf und wälzte mich auf dem Wiesenboden zwischen all dem Waldmeister, Schaumkraut und Klee. Die Vierblättrigen wuchsen hier, als hätte Gott gesprochen: Hier muss Glück wachsen!

Allmählich wurde es dunkel, und ich ermunterte Luna: »Los jetzt, der Mond ist da!« Eilig lief ich vor ihr her den Hügel hinauf.

Luna folgte zögerlich; nur langsam übertrug sich meine Erregung auf sie. – Damals wusste ich weder, dass sich Wölfe rein gar nichts aus dem Mondschein über ihnen machen, noch, dass sie sich kein bisschen darum scheren, welche Größe die Sichel am Himmel hat. Ihr Heulen dient lediglich der Kommunikation mit den Artgenossen.

In diesem Moment jedoch, dort oben im Wald, hielt ich den Vollmond für das Größte, was einen Wolf interessieren konnte. Ich stufte es noch vor ihrer

Gier nach süßen Trauben oder einer ordentlichen Portion Fleisch ein. Es war etwas Mystisches, das ich ihnen anhängte.

Oben angekommen, stieß Luna die Vorderpfoten auf den bemoosten Waldboden und schaute mich erwartungsfroh an. Ich hockte mich neben sie, auf Hände und Knie, und schaute zurück. Dann warf ich den Kopf in den Nacken. »Huh, huh!«, heulte ich und forderte: »Los, ruf sie!«

»U-u hu-u«, probierte Luna.

»Das klingt ja scheußlich!«, rief ich entsetzt. »Luna, nu dawai, nochmal!«

»U-uhu, hu, hu-u«, jammerte sie.

»Schon besser! Los, jetzt zusammen!«

»Huh, huh!«, heulten wir.

Es war ein richtiges Heulen! Das Echo zog hinunter zum Fluss; allem Anschein nach war es der Altwolf, der antwortete.

»Hey, Luna …!«, rief ich, sammelte das Stöckchen vor mir auf, zeigte es dem Wolfsmädchen und warf es dann einige Meter weit in den Wald.

Bis zum Einbruch der Nacht spielte ich mit ihr *Hol das Stöckchen!*, besser gesagt – ich warf, und Luna tat nichts. Ich holte das Stöckchen, und Luna schaute mir dabei zu.

Wie beim Ping-Pong.

Letztlich schaffte ich es, dass sie den Stock zumindest zwischen die Zähne klemmte. Leider gab sie ihn dann nicht mehr her.

Das nutzlose Training brachte mir eine Woche Blockhüttenarrest ein, was ich aber bewusst missachtete. Denn von nun an führte ich mit Luna an meiner Seite ein selbstbestimmtes Leben.

B – Polareule

… an irgendeinem Tag

Draußen bellen die Hunde, und ich, ich kotze Blut in die stinkende Kloschüssel. Stiefel trampeln, Schlüssel klappern. Die Sichtklappe fällt; das Zellenballett beginnt.

»Gefangener Wolkow – in die Ausgangsposition!«

Zellenmitte, Arme hoch.

»Ausgangsposition erreicht!«

Klappe, die Zweite. »Treten Sie rückwärts zur Tür!«

Schritt, Schritt, drehen.

»Hände auf den Rücken!« Die Handschellen rasten ein.

»Zur Zellenmitte!«

Schritt, Schritt.

»Stehen bleiben!«

Die Türriegel krachen beiseite, Schlösser knacken, Schlüssel klappern.

»An die Wand!«

45 Grad - Drehung.

Sie haben Angst, darum kommen sie zu dritt! Einer brüllt: »Marsch, Marsch zum Hofgang!« Die beiden anderen knallen mein Gesicht an die Wand gegenüber und reißen mir die gefesselten Arme rückwärts über die Schulter.

Den Oberkörper tief nach vorn gebeugt, geht es

taumelnd über den schwach beleuchteten, schwarzen Gang. Sechs, acht, zehn … zähle ich stumm die doppelseitigen Zellentüren links und rechts.

Achtung, jetzt geht es scharf um die Ecke!

Am Gitter vorbei, die Treppe hinunter, wieder ein Gitter. Tür auf, Tür zu. Endlich, zwei Stunden Luft schnappen!

Die Hunde bellen nicht, sie liegen im Schnee.

Ich beginne meinen Marsch: drei Meter vor zum Gitter, drei zurück. Fünf Schritte vor, eine Drehung um 180 Grad, dann wieder fünf Schritte. Vor, zurück, vor, zurück. Daran können sie nichts ändern. Das ist mein gutes Recht. Zum Zwecke eines langen Lebens, soll ich mich bewegen. Es ist quasi meine Pflicht, lange zu leben!

Fünf Schritte vor, fünf zurück.

Von einem Ende zum anderen sind es sechs Sekunden. Ergo brauche ich für sechs Meter zwölf Sekunden. Also 3,6 Kilometer in zwei Stunden – ohne Pause!

Das Boxergesicht tut über mir seinen Dienst.

Auf dem Stahlrost lässt es mich nicht aus dem Augen. Kalter Dunst lastet auf seiner gedrungenen Gestalt, während er auf dem Gitterrost entlangschlendert. Gelegentlich bleibt der Sergeant stehen. Dann verliert sich sein Blick in den bleigrauen Fluten des Betonkäfigs unter ihm. Er schaut durch mich hindurch, als versuche er, dieses lähmende Gefühl zu verscheuchen, das seine Begeisterung für den kommenden Akt mäßigt. Er keucht wegen der kalten Luft. Aber nicht nur deswegen. Die Kälte kriecht ihm die Lenden hoch. Nicht mehr lange, dann kommt es – das Ritual!

Viktorino – Sommer 1977

Der dritte Sommer in der Waldsiedlung verblühte gerade, und Luna war zu einer richtigen Wolfsdame herangewachsen. Wir hatten uns eingespielt: Tagsüber erzog sie den neuen Welpenwurf der Leittiere, nachts schlich sie den Hügel herunter, um neben meinem Bett zu wachen.

Eines Abends kam Vater mit einem moosgrünen Moskwitsch 412 von einem Ausflug zurück.

Er hupte wild.

Es muss ein merkwürdiger Anblick gewesen sein, wie wir – Mama, Luna und ich – im Lichtkegel der Scheinwerfer auf die Holzterrasse stürmten: Mama mit frisch gelocktem Haar, in Hausschürze und Pantoffeln, ich im viel zu kurzen Schlafanzug und Gummistiefeln. Zwischen uns Luna, die an einer Traube dunkelblauer Weinbeeren schmatzte.

Vater saß voller Stolz hinter dem Lenkrad. Von welchem Geld er den Wagen Baujahr '67 erstanden hatte, blieb sein Geheimnis. Wen er dafür bestechen musste, auch. Wahrscheinlich hatte er mit den *Dörflern* der umliegenden Ländereien tonnenweise Birkenrinde und Kork verhökert und später den Gewinn aufgeteilt. Hoffentlich! Birken zu schälen, war zumindest nicht illegal. Und im folgenden Winter wurden die Bäume einfach als Brennholz geschlagen. So beließ ich es bei meiner stillen Vermutung. Schließlich hätte eine Debatte darüber, ob das Schälen von Birken korrekt sei, Vater nur die gute Laune verdorben oder Mama oder beiden. Das wollte ich nicht riskieren! Irgendwie mussten sie ja klarkommen: ohne fremde Hilfe, ohne Geld, ohne Arbeit! Ökologie hin oder her, sie waren auf sich allein gestellt und konnten nicht wählerisch sein. Und gute Laune war wichtig! Zwischen Frühjahr und Herbst war sie sogar überlebenswichtig, weil man ständig Gefahr lief, im sumpfigen Gelände abzusaufen oder wenigstens knietief zu versinken, um schließlich halb erfroren und quaksenden Schritts nach Hause zu staksen.

Vater stieg aus dem Auto.

Übermütig rief er: »N' Abend allerseits! Na-a Luna, schon da? Hey Sohn, komm her und schau es dir an: Liegesitze und Sicherheitsgurte im Fond, obenliegende Nockenwelle, Aluminium-Motor!«, prahlte er und klopfte mit dem Knöchel des rechten Zeigefingers auf die Motorhaube. »Wusstest du eigentlich, dass da deutsche Technik drin schlummert? Nein? Stimmt aber! Nach Kriegsende bauten unsere Jungs die gesamten Anlagen eines Opel-Werks in Deutschland ab, und dann stellten sie alles bei uns wieder auf.« Vater grinste zweideutig.

Diesem Grinsen war allerdings nicht zu entlocken, worauf er nun stolz war: auf das Auto an sich oder auf die Tatsache, dass sich das sowjetische Volk 1945 der deutschen Technik bemächtigt hatte.

Eines jedoch war klar, gleich wurde es interessant! Normalerweise führte nämlich Vater Reden *gegen etwas* und Mama *dafür*. Sie brachte immer die einlenkenden Argumente, warum jedes Ding zwei Seiten habe. Aber diesmal sollte es andersherum laufen.

»Ähm, wer sind jetzt *unsere Jungs*, und wo ist *bei uns*?«, fragte Mama mit gereizter Entschlossenheit.

Vater lachte. »Hast ja recht, Frau Pädagogin, aber wenn es um Technik wie diese geht, laufe ich Gefahr, mich in Euphorie zu verlieren!«

»Das würde ja noch gehen. Wenn du allerdings anfängst, von *unseren Jungs* zu schwärmen, befürchte ich leider, der KGB habe mir einen Klon zurückgeschickt.«

»Clown?«, dachte ich laut und stellte mir einen kleingewachsenen Mann mit buntkarierter Jacke in viel zu großen Schuhen und einem rotlackierten Tennisball auf der Nase vor. »Haben die beim Geheimdienst jetzt eine Zirkusschule oder so was?«

Sie lachten.

»Klon, Söhnchen, nicht Clown!«, quiekte Vater. »Eine neue Idee von Isaac Asimov. In einer seiner Geschichten erfindet er den Doppelgänger von einem selbst, also das lebende Spiegelbild eines Menschen. Die Wissenschaftler in nah und fern – hm, wenn ich es recht bedenke, vor allem in nah – streiten noch, ob das geht, genetisch gesehen. Aber gedacht wurde es schon, und das ist entscheidend. Klar? Der Clown, den du meinst, tritt regelmäßig im Staatszirkus auf. Neuerdings sogar im Fernsehen, haben die Dörfler erzählt. Du kennst doch den berühmten Clown Popow! Nein? Katja …, Katjuscha!«, rief er Mama zu, die sich auf die Holztreppe zur Terrasse gesetzt hatte, um sich ihrer abgebrochenen Arbeit zu widmen und Kartoffeln zu schälen. »Haben wir Oleg Konstantinowitsch nicht einmal zusammen mit ihm in Moskau gesehen?«

»Ja, aber da war Daniil noch ganz klein. Warte …, vier Jahre alt muss er gewesen sein! Nein, drei. In dem Sommer hatte ich meine Doktorarbeit fertig und wartete auf die Verteidigung.« Mama verzog das Gesicht, als sie eben daran erinnert wurde, dass sie ihre Arbeit nie hatte rechtfertigen dürfen.

»Unvereinbar mit sowjetischen Überzeugungen …«, lautete damals das vernichtende Urteil der Kommission. Gleich nach dem plötzlichen Tod ihres Doktorvaters hatte man getagt und Mama im Anschluss daran jede weitere Publikation ihrer Forschungsergebnisse verboten.

»Eigentlich eine schöne Idee, dass mit der Zirkusschule für KGB'ler, findest du nicht auch, Madame Wolkowa?«, lenkte Vater sie ab. »Da könnten die Jungs doch mal richtig was lernen, von wegen Konspiration und so!«

»Ja, schöner jedenfalls, als die Vorstellung, ein KGB-Abbild an meiner Seite zu haben, der einem die Vorzüge der Eintreibung sozialistischer Reparationen preist.«

»Keine Angst, Katjuscha! Zu derlei Preisungen wird es nicht mehr kommen. Nie und nimmer, ich verspreche es! So, Herrschaften, wie wäre es mit einer kleinen Probefahrt?«

Mama nickte. Im Prinzip schien sie mit dem Kauf des moosgrünen Wagens einverstanden zu sein, demnach waren mir grundlegende Entscheidungen meiner Eltern verborgen geblieben.

»Wozu das Auto, Papa?«

»Wart's ab, du wirst es erleben, Daniil...ka!«, stammelte Vater. Seit er registriert hatte, dass auf meiner Oberlippe die ersten Barthaare sprossen, versuchte er, sich das »...schka« am Namensende abzugewöhnen. »Volk von Viktorino, bitte einsteigen!«

Mama schloss das Haus ab. Bereitwillig überließ sie Luna und mir den Platz neben Vater, der wie selbstverständlich hinter dem Lenkrad hockte, obwohl auch sie einen Führerschein besaß. Es schien ihr aber nichts auszumachen, dass er fuhr, und so freute auch ich mich, die Aussicht von vorn zu genießen. Doch außer Zirbelkiefern gab es nicht viel zu sehen. Im Gegenteil, wir konnten froh sein, über einigermaßen trockenes Gelände zu rumpeln.

»Stepan, wo willst du hin?«, schnaubte Mama ängstlich. Sie schlang ihre Arme um die Lehne des Vordersitzes auf dem ich saß, krallte sich in meine Oberarme, und ich spürte ihren warmen Atem in meinem Nacken kitzeln.

»Oh, was seid ihr neugierig!«, rief Vater. »Wartet's doch einfach mal ab und singt ein schönes Volkslied!« Vater bevorzugte Lieder, die seinen Bass zur Geltung brachten, so wie ›Abendglocken‹ oder – nach reichlich Genuss von Wodka – gerne auch mal die ›Wolgaschlepper‹.

Wir sangen nicht. Stattdessen stierten Mama und ich stumm nach vorn, als könnten wir auf diese Art verhindern, dass Vater gegen einen Baumstamm raste oder mit einem Braunbären qualvolle Bekanntschaft schloss.

Irgendwann hielten wir im Nirgendwo.

Vater schnappte sich die Taschenlampe aus dem Handschuhfach; ohne Scheinwerfer war es draußen stockdunkel. Er stieg aus, knallte die Fahrertür zu und half Mama von der Rückbank. »Hier, genau hier kommt sie hin!«, rief er stolz und breitete die Arme aus, als wolle er das Stückchen Land ringsherum umarmen.

»Aha, und was kommt hier hin, Papa?«

»Die Auswilderungsstation!«

»Nein, du hast … Hast du wirklich?« Mama stotterte, und ich verstand noch immer nichts.

»Jawohl, ich habe die Papiere!«, meldete Vater beinahe militärisch, dabei klopfte er sich an die linke Brusttasche.

Mama sprang ihm an den Hals und verteilte ein Dutzend Küsse auf seinem Gesicht. »Ich wusste es, du bist der Allergrößte! Darum habe ich dich geheiratet.

Obwohl ich ja durchaus andere Chancen gehabt hätte!«

»Chancen? Aufgelesen habe ich dich, von der Straße, ja!«

»Von wegen!«, protestierte Mama. »Mischa Guszow zum Beispiel, dessen Vater hatte den Lehrstuhl für Physik, du erinnerst dich? Der kam jeden Freitag mit roten Nelken, um mich zu sich nach Hause einzuladen. Und es war schwer, rote Nelken zu ergattern.«

»Ha, der dicke Mischa! Der war nun wirklich keine Konkurrenz!«

Irgendwie erinnerte mich die Szene an jenen Tag, an dem Vater uns mitteilte, dass wir Moskau verlassen und in die Taiga auswandern würden. Nur Großmutter Olja fehlte. »Kann mich mal einer aufklären, wer hier, wann und wie ausgewildert wird?«, nörgelte ich.

»Wölfe, Danilka, Wölfe.«

»Und wozu?«

»Im ganzen Land wird gewildert, meist Bären und Elche. Das ist zwar nicht schön, hilft aber im Moment den Leuten, ökonomisch gesehen, ein besseres Leben zu führen. Sie essen das Fleisch oder nutzen die Felle. So, wie sie es immer getan haben. Die Wölfe dagegen werden oft nur aus Furcht oder Unwissenheit erschossen oder, was noch viel schlimmer ist, sie werden vergiftet. Ein qualvoller Tod, das braucht niemand!« Vater redete sich in Rage. »Selbst in den Zoos werden sie nach jahrelanger Inzucht gnadenlos dezimiert, weil viele Tiere auffällig aggressiv oder missgebildet sind. Bevor man sie nun alle ausrottet, werde ich sie retten!

Und ich will herausfinden, wie das geht. Das mit dem Auswildern.«

»Wann geht's los?«, wollte ich wissen.

»Morgen. Wir schlagen Holz, bauen eine Station, legen Gehege an und sind damit bis zum Spätherbst fertig.«

Sofort war ich Feuer und Flamme. »Da mach' ich mit!«

»Moment, zunächst müssen überall die Fallen entfernt werden, die im Unterholz versteckt sind! Du weißt, die Leute hier haben dieselben Vorlieben wie woanders auch. Das wird deine Aufgabe, Danilka. Ich zeig's dir, und dann kannst du dich allein darum kümmern. Wie ich Luna kenne, wird sie dich begleiten. Die ist ja eh wie ein Haushund!«

»Das will ich gar nicht«, maulte ich. »Luna wird im Rudel gebraucht, und außerdem kann sie sich in den Schlingen und Trittfallen verfangen!«

»Das ist natürlich deine Entscheidung. Aber, wenn du sie in Viktorino lässt, wird sie dich vermissen. Luna ist schon viel zu sehr auf dich fixiert!«

»Luna lebt noch immer im Rudel!«

»Ja, aber irgendwann braucht sie auch ihren eigenen Lebensraum. Warum nicht hier?«

»Gut Männer, Waffenstillstand! Ihr könnt morgen noch weiterstreiten. Lasst uns jetzt aufbrechen, ich bin erschöpft und müde!«, forderte Mama.

*

Am nächsten Tag kam an den moosgrünen Moskwitsch noch ein gummibereifter Anhänger aus Aluminium, auf dem wir eine Menge Werkzeug verstauten. Zelte, Decken, ein riesiger Wassertank – ausgelegt für sieben Tage. Außerdem zwei Schrotflinten, diverse Äxte und Sägen.

Wir schleppten den halben Hausstand fort.

»Hey, hey«, protestiere Mama, »lasst mir wenigstens das Brotmesser da!«, als ich die Küchenschublade ausräumte. So lange sie hier die Haustiere versorgen musste, konnte sie sich uns nicht anschließen und würde die Siedlung bewachen; einsame Tage und Nächte erwarteten sie.

Vater drückte ihr eine Kiste mit Leuchtraketen in die Hand. »Katjuscha, die Funkgeräte sind ja schon aus der Steinzeit, wer weiß, ob die lange funktionieren. Hier nimm! Wenn was ist, zögere nicht, die Grünen zu zünden. Aber diese hier, die Rote, behalte solange es geht. Die ist nur für alle Fälle!«

»Und ihr?«

»Wir nehmen die andere Hälfte mit. Wenn alles gut geht, sind wir in einer Woche zurück. Onkel Wassili kommt am Mittwoch, bringt Honig und schaut nach dir. Gib ihm etwas Milch und Käse für seine Mühe, ja!?«

»Vielleicht verführe ich ihn lieber?«, meinte Mama verschmitzt.«

»Der Alte ist siebzig Jahre alt, seine Manneskräfte dürften ihn schon lange verlassen haben!«

»Hoffst du oder weißt du?«

»Schluss jetzt!« Vater lachte und strich ihr liebevoll über den Po. »Katjuscha, der Junge wird schon ganz rot«, raunte er ihr zu. »Pass auf dich auf, ja! Ich liebe dich.«

»Mama, ich lasse Luna besser hier, dann kann sie dich beschützen.«

»Das wird nicht nötig sein, Daniil. Nimm sie nur mit, ich komme gut allein zurecht!«

»Nein, sie muss sich sowieso um die Welpen kümmern und nachts bewacht sie dich!«

»Ganz sicher?«

»Ja, ganz sicher! Auf Wiedersehen, Mamulja. Und wenn etwas ist, denk an die Leuchtraketen!«

»Ja, ja. Gute Reise, Söhnchen!«

»Keine Angst, Mama!«, flüsterte ich, umarmte sie ein letztes Mal und ertrug ihre feuchten Küsse auf meinen Bartstoppeln. Dann stieg ich ein, und Vater startete eilig den Wagen.

Hupend schlingerten wir den Berg hinauf.

Rasch warf ich einen Blick in den Seitenspiegel: Luna stand neben Mama. Die winkte und winkte und wischte sich verstohlen über die Augen. Kleiner, immer kleiner wurden sie, verblichen zu einem bunten und einem schwarzen Pünktchen …

*

Am frühen Nachmittag durchstreiften Vater und ich das Gelände oberhalb von Viktorino, das für die zukünftige Auswilderungsstation gepachtet worden war.

»Ein schönes Plätzchen Erde!«, stellte ich fest.

Noch bestand das Gebiet zwar nur aus Bäumen, Farnen und einer krautigen Bodenschicht, aber bald sollten auf den zwei Hektar mehrere Gehege, eine Futterstation mit Lagerhalle, ein Labor und Quarantänemöglichkeiten für kranke Tiere entstehen. Für Wasser war auch gesorgt; weiter hinten floss ein Bächlein, das nach Vaters Angaben irgendwo zu einem ansehnlichen Teich anwuchs.

Ich schaute mich um: Überall wuchs die typische Zirbelkiefer. Dazwischen glänzte hin und wieder ein weißer Birkenstamm in der Sonne, daneben kräftige Lärchen und Fichten. Ich hatte zwar keine Vorstellung von dem, was an Bautätigkeiten auf uns zukam, doch es waren sicher mehr als ein Dutzend Bäume zu fällen.

»Hier Daniil, koste mal die Früchte der Zirbelkiefer!«, unterbrach Vater meine Gedanken. »Noch sind sie zwar nicht reif, man beginnt erst im September mit der Ernte, aber dann kannst du sie wie Nüsse essen. Darum heißen sie auch Zirbelnüsse. Oder man presst Öl daraus. Viele Dörfler verfeinern damit auch ihren Selbstgebrannten.«

»Papa, kannst du mir zeigen, wie man Feuer macht?«

Vater schaute ungläubig. »Wie, Feuer? Du zündest in Viktorino doch oft genug den Ofen an! Was ist da noch zu lernen? Du nimmst Papier, Streichhölzer …«

»Nicht so! Ich meine mit Dingen aus der Natur.«

»Ach so, na klar. Komm mit!«

Vater stapfte voran.

»Sieh mal, von dieser Birkenrinde hier lassen sich kleine Fäden abziehen! Das wird der Zunder. Zieh sie ab, bis deine Handfläche voll ist!«

Ich probierte es. Das Abziehen der Minifädchen ging prima.

»Wenn sie sich nicht abziehen lassen«, klärte Vater mich auf, »dann nimmst du einfach ein spitzes Stöckchen und reibst an der Rinde. Das hat denselben Effekt. Aus den Fäden formst du dann kleine Bällchen. Siehst du, so!«

Er machte es mir vor.

»Dann brauchst du dünne abgestorbene Äste und einen trocknen Untergrund, so wie da.« Er zeigte auf die sandige Stelle zwischen einer kräftigen Birke und der jungen Lärche schräg dahinter, die sich gegen den weißen Birkenstamm geradezu mickrig ausnahm.

Vater lief hinüber, hockte sich hin und machte sich daran, eine Miniaturfeuerstelle aus Stöckchen und trockenen Blättern aufzubauen.

»Wenn alles nur aus der Natur sein soll, benötigst du natürlich auch was zum Erzeugen von Funken, Feuersteine oder so. Hornstein oder Silizit. Hier oben sind die aber nicht leicht zu finden. Wenn du zum Beispiel mit einem Schlagstein oder mit einem Stück Metall kräftig auf den Feuerstein schlägst, kannst du

Funken erzeugen. Oder – ganz anders, du nimmst die Stabmethode. Das kann ich aber nicht empfehlen, den Stock reibst du nämlich stundenlang in einer Holzkuhle. Meist erfolglos, bis du Schwielen an den Händen hast. Für mich wäre das nichts! Heute muss sowieso mein Benzinfeuerzeug dafür herhalten …«

Vater schwatzte und legte die Fadenkügelchen nacheinander auf einige Stöckchen, ließ einen Funken fallen, und schon zündelten die Birkenfäden. Gleich darauf brannten auch die Ästchen.

»So, die erste Lehrstunde ist vorbei. Besser wir sehen uns mal um!«

Ich nickte.

»Morgen«, meinte Vater und zog Hals über Kopf los, dass ich kaum folgen konnte, »müssen wir das Gelände grob abstecken und nach und nach einzäunen, damit die ganze Arbeit nicht für die Katz ist.« Dann blieb er unvermittelt stehen; unter einer riesigen Zirbelkiefer hatte er einen Hasenbau entdeckt.

Wie gebannt starrte er auf den Eingang.

Der Hase lugte mit der Nase aus der Höhlenöffnung und schnupperte. Es musste ein sehr altes Tier gewesen sein, dessen Witterungsorgan nicht mehr sensibel genug reagierte, denn – entgegen aller Regeln – machte es einen Satz nach vor. Die vor dem Bau ausgelegte Schlingenfalle schnappte zu. Von einem Moment auf den anderen baumelte das Tier an einem jungen, sehr biegsamen Birkenstämmchen.

»Hey, dawai«, winkte mir Vater hastig zu, »sieh dir

an, was diese Banditen mit den Tieren machen!«

»Besser nicht, Stepan Stepanowitsch«, rief ich von weitem. Warum ich ihn nicht Papa nannte, wie sonst, erschloss sich mir nicht; ich hatte meinen Vater noch nie beim Vor- und Vatersnamen genannt. Mama machte das öfter, wenn sie sauer auf ihn war. Aber ich, ich war nicht sauer, mir war nur schlecht.

»Lebendfallen finde ich gruselig!«, sagte ich und verzog angewidert das Gesicht.

»Ja, das ist bitter«, räumte Vater ein und kappte das Seil, an dem der Hase baumelte. »Aber warte ab, bis du siehst, wie ein Bär in einem Tellereisen leidet. Das ist richtig gruselig! Zum blanken Horror wird es allerdings, wenn du das Gemetzel eines Bärenangriffs erlebst. Danach willst du tagelang nichts mehr essen!«

»Hast du …?«

Vater nickte bedächtig.

»Das ist kein schöner Anblick, kann ich dir sagen. Trotzdem, wenn sich die Gelegenheit ergibt, werden wir hier oben nicht nur Wölfe auf die Auswilderung vorbereiten, sondern auch Bären. Es gibt genügend Jungtiere, die allein nicht überleben würden, weil die Mutter erlegt worden ist. Aber – nun komm, lass uns anfangen! Die Einzäunungen warten.«

*

Die Arbeit war uns gut von der Hand gegangen. An der Außenseite des Gebiets hatten wir jeweils auf ein und zwei Metern Höhe Seile um die Bäume gezogen. So waren die Markierungen schon am vierten Tag nach unserem Auszug aus Viktorino fertig, und auch einige dutzend Lebendfallen – Tellereisen vor allem – hatten wir aufgespürt, die nun zur Verschrottung auf dem Anhänger warteten. Da das Wetter bald dauerhaft umschlagen würde, wollten wir die Gelegenheit nutzen, am nächsten Morgen ins Tal zu fahren. Ein Bad nehmen, frische Kleidung ordern, Vorräte auffrischen. Auf diese Weise konnten wir Mama überraschen, und ich würde endlich Luna wiedersehen.

In der Dämmerung pflückte ich einen großen Strauß Wiesenblumen, die an einer Stelle besonders reichlich wuchsen, legte mich für einen Augenblick ins hohe Gras und betrachtete den Himmel. Wie ein schwarzes Gespenst zogen die Gewitterwolken auf, und meine Zweifel wuchsen, ob unsere Zelte Sturm und Regen überstehen würden.

Vater heulte nach mir.

»Stepan Stepanowitsch, ich habe kein gutes Gefühl«, rief ich verschwitzt; er hatte gerade begonnen, die Zelte mit zusätzlichen Leinen an einer Birke zu sichern.

»Was denkst du, warum ich das hier mache? Hilf mir lieber, dann kommen wir noch vor dem ersten Regenguss ins Trockene!«

»Ich denke eher an Mama und Luna!«

Vater schaute nach oben, die Baumkronen schaukelten verdächtig. »Na gut! Hast wohl Sehnsucht? Wenn wir jetzt fahren, schaffen wir es noch. Vielleicht! Aber dann ohne Anhänger, ich will nicht riskieren, im Schlamm stecken zu bleiben. Also dawai, Söhnchen! Es tröpfelt schon.«

Straflager Nr. 18 … Hofgang

Es tröpfelt auf mich herab. Das Ritual nimmt seinen Lauf: Das Boxergesicht pisst. Der dampfende Strahl prallt vom grauschimmernden Metall des Gitterrostes auf mich ab.

Ich nähere mich langsam der Wand, doch dem Ritual entgehe ich nicht. Niemals! Es rieselt auf mich herab, dass sie mich treffen möge, ihre übelriechende Wahrheit. Denn was einem Menschen anhängt, das gehört auch zu ihm – hab ich mal gelesen. Bloß wo?

»Weg von der Wand – Wolkow!«

Das Boxergesicht kläfft mich von oben an, als hätte er den Mund voll kleiner Scherben, scharf und spitz.

»Weg von der Tür – Wolkow!«

Tür, welche Tür?

»Lass die Tür los – Wolkow, ich gebe dir fünf Sekunden!«

Trunken vor lethargischer Düsterheit starrt das Boxergesicht auf seine froschgrüne Uhr. »Fünf, vier, drei, zwei …«

Grün!!!

Viktorino – 1977

»Da, eine Grüne!«, schrie ich, so laut es ging, gegen den aufbrausenden Wind an.

Vater wirbelte herum. »Tatsächlich, eine Grüne. Beruhig dich, Danilka! Grün ist nicht rot. Wer weiß, was da los ist? Sie wird Angst vor dem Sturm haben«, brummte er und fummelte am Funkgerät herum, das lediglich einige Rauschtöne von sich gab.

In Windeseile koppelten wir den Anhänger vom Auto; wenige Minuten später waren wir startklar.

»Ei, uchnem! Ei, chnem! ...«, brummte Vater den Text seines Lieblingsliedes im Rhythmus der Scheibenwischer. Sein Bass klang so unheimlich, als ob die Wolgaschlepper durch den Moskwitsch stampften. »Aj-da, da aj-da«, presste Vater hervor, und ohne es zu ahnen, kündigten seine Worte vom schweren Leid, das uns bald ereilen sollte.

Der Moskwitsch rollte den weichen Hang hinab. Ständig schlingerten wir, und Vater kämpfte mit den hinteren Rädern, die durchzudrehen drohten. Dann, als der Regen sturzartig aus den Wolken brach, hatten wir Gott sei Dank das Tal erreicht.

Die Blockhütte lag im Dunkeln wie eine bucklige schwarze Katze.

Vielleicht hatte Mama sie wegen des nahenden Unwetters verlassen und war Onkel Wassili in sein steinernes Haus gefolgt, schoss es mir in den Kopf. – Hoffentlich!

Fieberhaft leuchtete ich mit der Stablampe über das Gelände, heulte nach Luna, aber nichts geschah.

»Hu, hu …«

Nichts. Das war kein gutes Zeichen, gar kein gutes Zeichen war das!

Vater schritt voraus. An der Vortreppe zur Terrasse kam er plötzlich ins Stolpern, und er zielte mit der Lampe auf das, was da lag. »Koschmar«, krächzte er wie ein Hundertjähriger, der vor seinem eigenen Spiegelbild erschrak, ausgemergelt und fahl, dem Tod näher als dem Leben. »Koschmar …«, flüsterte er abermals und kniete sich nieder. »Nein, nei-n, nei-n!«, seine Stimme dröhnte in die Nacht.

Ich sah wohl, was Vater sah. Aber mein Gehirn weigerte sich, jenen Albtraum zu verstehen, den er wimmernd beschwor. Hätte ich nicht die kakigrüne Weste mit den Abzeichen des Revierförsters erkannt, die den kläglichen Rest des zerfetzten Oberkörpers noch teilweise bedeckte, es wäre mir niemals in den Sinn gekommen, dass das, was dort lag, einmal ein Mensch gewesen war. Nein, ich hätte nicht an Vaters Stelle sein mögen. Ich hätte Wassili Wassiljewitsch in den herunterhängenden Fleischlappen nicht erkennen wollen!

Vater kroch näher an den Körper heran, schluchzte und bebte, drosch mit der Faust auf den Boden und rief: »Oh Gospodi, nei-n, nicht du, nicht ausgerechnet du, Wassili!«

Ich leuchtete mit meiner Lampe in Richtung Haus.

»Pa-pa, Pap…, was ist mit Mama?«

Vater schaute auf : Die angstgeweiteten Augen starr und glasig auf uns gerichtet, kauerte eine Frau auf der Treppe, die der Kleidung nach Katja Sergejewna Wolkowa aus Moskau sein musste. Mama, Mamulja … Aber dort saß eine Fremde. In den Händen die Leuchtpistole, wippte ihr Körper vor und zurück, vor und zurück. »Bär, alle … tot! Alle, alle tot. Luna tot, Wassili tot! Alle, alle tot«, stotterte sie unablässig, während ihr Blick von uns abprallte. Leer und wirr starrten ihre Augen irgendwohin an uns vorbei, in die abartige Dunkelheit. Nein, Mamulja bemerkte uns nicht, und irgendwann verstummte sie ganz.

Stumm, so stumm wie ich, als ich Luna fand.

Meine schöne schwarze Luna mit dem weißen Bauchkranz, die sich todesmutig auf die Braunbärin gestürzt haben musste. Ihr Maul steckte noch in deren Hals, genau da, wo Sehnen und Muskelfleisch aus ihr heraus gequollen waren und das Blut gerann. Wir waren zu spät gekommen.

Alles war zu spät!

Diese Bärin hatte uns alles genommen. Tod und Trauer waren einkehrt.

Zu spät, zu spät … hämmerte es in meinem Hirn.

Wie ich in diesem Zustand Luna von der Bärin getrennt hatte, konnte ich am nächsten Tag nicht mehr sagen. – Was ich tat, geschah offenbar rein mechanisch.

Während Vater die Körperteile des alten Försters in

eine Kiste legte und sie per Flaschenzug in die nun dauerhaft trockengelegte Zisterne herabließ, nahm ich Mama die Pistole aus der Hand und brachte sie ins Haus.

Auf dem Bett zog ich ihr die Decke über den schlotternden Körper, setzte mich zu ihr und griff nach ihrem Lieblingsbuch. Ich öffnete es genau da, wo das Lesezeichen aus Birkenrinde steckte, das ich ihr im ersten Viktorino-Sommer gebastelt hatte. Ich las aus Lermontovs ›Ein Held unserer Zeit‹ – einer deutschen Drucklegung aus dem 19.Jahrhundert – was sie fein säuberlich mit Lineal und spitzer Bleistiftmine unterstrichen hatte:

»*Die Seele legt sich im Dulden wie im Genusse strenge Rechenschaft von Allem ab und ist davon überzeugt, daß sie so handeln muß; sie weiß, daß ohne Stürme eine beständige Sonnengluth sie austrocknen würde; sie durchdringt sich mit ihrem eigenen Leben - verzärtelt sich und bestraft sich, wie ein geliebtes Muttersöhnchen. Nur in diesem höhern Zustande der Selbsterkenntniß kann der Mensch die Gerechtigkeit Gottes wirklich ermessen.*«

Dass Mama ein deutsches Exemplar besaß, hatte ich nicht geahnt. Zwar konnte ich alles lesen, sie hatte es mir ja selbst beigebracht, aber dieser Text bestand aus merkwürdigen Buchstaben; es muss eine sehr alte Schrift gewesen sein. Ich verstand wenig, doch ich las und las. Ich las die halbe Nacht. So lange, bis Mama endlich eingeschlafen war. Friedlich und still lag sie auf ihrem Bett, man sah ihr die Verwirrung nicht an. Das machte mir Hoffnung.

Später am Küchentisch, nach einer halben Flasche Wodka, rekonstruierte Vater das Geschehen. Den Kopf auf den blutverschmierten Ärmeln seines Holzfällerhemdes, die Augen tränenschwer, lallte er: »Däär Bär, Daniluschka, hadde esch auf deeen Hengscht ab… abgesche'n. Du weischt, … der hascht Reejen wiiie dasch Weihheiwascher.« Vater kippte das nächste Glas in einem Zug herunter. »Musch maal 'nem Kommunischten jehört hab'n, datt Viech. Alscho: Onkelschen hӧӧrt dat Wiiiehern und macht sisch uf, den in de Schtall zu… zu bringen. In de Schtall, verschtehste, Söhnschen? Darum ischt dasch pa… passiiert!« Vater starrte durch das Fenster in die stockdunkle Nacht und trommelte mit den Fingern auf den Küchentisch. Plötzlich kippte seine Stimme: »Hädde Waschili den blöd'n Hengscht drauschen gelass… gelasst!«, brüllte er. »Wäähr gaar nüscht passiiert, gar nüscht … Eer hätt' es doch wische müsche, dat alte Zau…schel, abbents bejinnt de Scheit von de Jäjer.«

»Papa lass gut sein, geh' schlafen! Wir fragen morgen Mamulja, was passiert ist.«

Aber er hörte nicht auf mich, leerte die Flasche bis auf den letzten Tropfen und schlief am Küchentisch ein. In dieser Nacht ergraute sein Haupthaar; nach wenigen Stunden war es schlohweiß.

*

Am nächsten Morgen verwandelten sich die heftigen Schauer in feinen Nieselregen. Gegen Mittag hörte auch der auf, dafür legte sich ein dunstiger Nebel über die Waldsiedlung. Vom Dach unseres Blockhauses tropfte das Wasser auf die Veranda, und der Wind rüttelte an den Zweigen der großgewachsenen Bäume drum herum, dass sie auf und nieder peitschten.

Eine gespenstische Stimmung lag über Viktorino.

Nur hinten an der Koppel, wo schon die Sonne schien und der Hengst friedlich im aufgeweichten Boden graste, summten bereits Insekten – als sei nichts geschehen.

Warum der Hengst bei dem Sturm im Gehege geblieben war, wussten wir nicht, und Mama sprach nicht. Immer wieder fragte ich sie: »Mamulja, was ist geschehen? Mamulja, warum war der Hengst draußen?« Beim Frühstück, beim Spaziergang zum Stall, beim Waschen.

Doch Mama antwortete nicht; ihre Gesichtszüge verschwammen, als wollte sie sagen: Wozu sprechen, Jungchen, wenn man das, was man fühlt, nicht mit Worten ausdrücken kann?

*

Die Tage krochen dahin wie ein totgeweihtes Lamm. All das, was vom alten Förster übrig geblieben war, hatten wir beigesetzt. Das Grab erhielt ein schlichtes Holzkreuz und Wassilis Enkel, ein zweijähriger Steppke mit blonden Engelslocken, der bis dahin bei ihm gewohnt hatte, legte eine Blume auf den frischen Hügel.

Den Grund dafür, dass der kleine Wassili bei seinem Großvater lebte, kannte ich nicht. Und Vater, der es wusste, war beschäftigt. Er fällte Bäume, als gäbe es kein Morgen. Tag um Tag schlug er schmale Stämme zu Scheiten, stapelte sie auf, dass sie eine dichte Mauer um das Blockhaus bildeten.

Erst viele, viele Wochen später, als unser Wodkavorrat auf wundersame Weise verschwunden war, erfuhr ich, dass der Junge keine Verwandten mehr hatte. So fiel mir die Aufgabe zu, mich des Knaben anzunehmen – und der Wolfswelpen oben auf dem Hügel. Ich spielte, sang und wiegte den blonden Knaben, schuftete am Tage mit Vater in Viktorino und heulte in der Nacht mit dem Rudel.

Und Mama blieb stumm.

Mamulja sang nicht, sie lachte nicht. Sie kochte und wusch nicht. Tagein, tagaus saß sie auf den Treppenstufen der Terrasse, strich mit der rechten Hand über den riesigen Blutfleck, den der tote Körper des alten Försters dort hinterlassen hatte, und war weit, weit weg. Sie erholte sich nicht und reagierte mit Rückzug aus dieser Welt, bis sie kaum noch selbstständig laufen konnte, sodass Großmutter Olja sie holen musste, um sie in ein Sanatorium zu bringen.

Vater wollte unbedingt, dass ich mit ihnen zog.

»Beginn ein neues Leben, Daniil!«, sagte er.

»Welches Leben, Papa?«, wehrte ich mich; ich hätte

es nicht übers Herz gebracht, ihn oder Wassili oder das Rudel zu verlassen.

*

Fünfzehn Jahre später besuchten wir Mama in ihrem Sanatorium in Moskau. Wie eine Puppe aus Porzellan saß sie im Korbstuhl zwischen einigen verschlissenen Kissen. In Mamuljas schwieligen Augen sah ich Angst und Schmerz. Die zierlichen Hände auf ihrem Schoss wirkten alt und gebrechlich, das Gesicht war bis zum Hals zerfurcht. Sie war steinalt. Das machten die Erinnerungen, sie war in ihnen gefangen.

Ich wollte all das, was Mamulja lähmte, was uns lähmte, endlich abstreifen. Und so stolperte ich im Herbst desselben Jahres in die Universität.

Biologe wollte ich werden, wie Vater.

Ständig hatte er mich bekniet. »Geh Daniil, mach was aus deinem Leben! Wer soll all das hier denn fortführen? Jetzt, da sich vieles ändert! Der Sozialismus ist am Ende, und im Ausland warten jede Menge Fördergelder für Artenerhalt und Umweltschutz. Glaub mir, wenn du keinen vernünftigen Abschluss hast, werden sie es dir nicht geben! Niemand gibt dir etwas, nicht mal der WWF. Geh! Wassili ist jetzt stark genug, der hilft mir. Er ist ein guter Junge.«

Stepan Stepanowitsch hatte seine Beziehungen zu einem ehemaligen Studienkollegen und befreundeten Dekan genutzt, um mich unterzubringen. Ohne sein Zutun wäre ich wahrscheinlich nirgends gelandet, nicht einmal in Moskau. Doch das war sowieso tabu. Da hockten immer noch jene Apparatschiks, die zu Beginn der Siebziger für unsere Verbannung gesorgt hatten. Zumindest waren sie wohl nicht ganz unschuldig daran; denen wollte er mich nicht zum Fraß vorwerfen.

Also: Sankt Petersburg!

Doch mit fast Dreißig ein Studium zu beginnen, auf engen Holzbänken neben gackernden Gänsen zu sitzen, die sich mehr für ihre männlichen Kommilitonen interessierten als für die Wissenschaft …, sich die Nächte mit dicken Wälzern um die Ohren zu schlagen, war nicht gerade mein Traum. Dabei störte mich nicht das Lernen an sich; im Grunde hatte ich ja immer studiert. Aber ich war gewohnt, die Fachbücher draußen zu lesen, bei den Wölfen. Ich sprach Notizen in ein Diktiergerät und pirschte dabei im Wald umher, vernahm das Knacken der Äste und spürte den Wind im Gesicht. Seit Jahren kannte ich nichts anderes. Und nun sollte ich in die staubige Großstadt?

Mein einziger Trost war Großmutter Oljas Datscha.

Merkwürdigerweise hatte sie kein Ferienhäuschen nahe Moskau besessen, sondern eines bei Sankt Petersburg. Nach ihrem Tod mussten wir es nicht einmal verkaufen; welch Wunder! Mir blieb also die gemeinschaftliche Unterkunft in einem Internat erspart. Stattdessen fuhr ich allmorgendlich vierzig Minuten mit dem Vorortszug, der guten alten Elektritschka, zur Universität.

Schnell kam ich zwar nicht voran, denn wenn ich am Finnländischen Bahnhof angekommen war, musste ich in die U-Bahn umsteigen, später den Bus nehmen und schließlich noch ein Stück zur Fuß gehen. Und abends dieselbe Strecke zurück.

Aber das war es mir wert!

Ich hatte eine Wohnküche mit Kohleherd, ein Schlaf- und Arbeitszimmer und ein Außenklo. So gesehen, ein kleines Paradies.

In der Stadt war und blieb ich atemlos.

Eigentlich war ich überrascht, dass man mich überhaupt studieren ließ. Immerhin hatte die staatliche Universität einige namhafte Absolventen, wie die Herren Lomonossow, Mendelejew und Gogol, hervorgebracht. Sogar Sergei Nikolajewitsch Winogradski, der hier als Professor wirkte, forschte in Sankt Petersburg. Ich war also in guten Händen, sollte man meinen. Aber, wie heißt es so schön: Fürchte den Bock von vorn, das Pferd von hinten und den Mensch von allen Seiten.

Vom Militärdienstes war ich befreit; aus gesundheitlichen Gründen, wie es hieß. Doch ich war mir sicher: Auf den Sohn eines Dissidenten wollte man auch Anfang der Neunziger gern verzichten. Und so hatte ich die ersten vier Semester einen Wachhund an meiner Seite. Der arme Kerl schien kein Eigenleben zu haben. Tag und Nacht lief er hinter mir her. Ein Schattenmann!

Г– Hofgang

… an irgendeinem Tag

Jetzt habe ich nicht aufgepasst! Das Boxergesicht brabbelt etwas von: »Aufruhr im Außenkäfig«, in sein Funkgerät; ein deutsches Fabrikat. Wasserdicht, drei vorprogrammierbare Kanäle … Im Moskauer Gefängnis hatten sie dasselbe.

Seit der deutsch deutschen Wiedervereinigung ist ja alles möglich: Feinde werden zu Freunden, Waffengegner zu Waffenbrüdern und umgekehrt. Während die arme DDR früher nichts zu bieten hatte, brennt das fette Deutschland nun darauf, seinen Einfluss im Osten zu erweitern. Schließlich wollen Ölfelder und Erzvorkommen erschlossen werden. *Joint Venture* heißt das Zauberwort in allen Branchen. Warum also nicht auch mit deutscher Technik in russischen Gefängnissen?

Unsere Blicke treffen sich durch das Gitter im ausgekotzten Blaugrau des Himmels.

Das Boxergesicht fixiert mich und grient.

Die Eisenstäbe in der Hand, starre ich hoch.

Jetzt haben sie einen Grund. Nicht, dass sie Gründe bräuchten, das nicht! Aber muss man sie ihnen liefern?

Stiefel trampeln, Schlüssel klappern – sie kommen!

»Gefangener Wolkow – in die Ausgangsposition!«

Ich kralle mich an den Eisenstäben fest und summe: »*Der Morgen dämmert leise, schickt mir die Vögel übers*

Meer – anderswo erwartet niemand meine Wiederkehr …«

Ein Schlagstock drischt auf das Gitter; die Knochen bersten, sie gleiten von den Stäben.

Mein Gott, war das einfach!

»Wohl von Mut geträumt – Wolkow, oder haste ’nen Zellenkoller?«

Ha, sie bieten mir eine Ausrede!

»Hände vor, dawai! Nun los Mann …, keine Faxen, Wolkow! Ziehst sowieso den Kürzeren!«

Sie bringen mich in den Zellenblock. Einer links, ein Zweiter rechts von mir. Die drahtigen Soldatenhände fest unter meine Achseln geklemmt, schleifen sie mich zum Verhör.

Der Oberstleutnant sitzt am Schreibtisch; ein schönes Stück mit Intarsien aus Perlmutt in der Randverzierung aus Trauben und Blättern.

Die Soldaten sperren mich in die zweimal ein Meter große Gitterzelle an der Wand.

Die Tür kracht, das Vorhängeschloss schnappt zu.

»Genosse Oberstleutnant, der Gefangene Wolkow ist zum Verhör bereit.«

»Danke, abtreten!«

Die Soldaten verschwinden.

Der Oberstleutnant schweigt eine Weile und poliert mit einer Feile seine Fingernägel. Sein Gesicht wirkt vollkommen entspannt.

»Wolkow«, sagt er irgendwann und blickt auf. »Sie werden beschuldigt, einen Ausbruchsversuch unternommen zu haben. Was sagen Sie dazu?« Scheinbar bedauernd wiegt er leicht den Kopf hin und her.

»Das war kein Ausbruchsversuch!«

»Sondern?«

»Eine Schutzhandlung.«

»Interessant, eine Schutzhandlung also.«

»Ja, laut Gefängnisverordnung bin ich verpflichtet, mich gesund zu erhalten.«

»Laut Gefängnisverordnung sind Sie auch verpflichtet, den Anweisungen des Diensthabenden Folge zu leisten!«

»Steht das da?«

»Das steht da. Haben Sie diese Passage nicht gelesen?«

»So weit bin ich nicht gekommen.«

»Hm, das steht auf Seite eins, Wolkow. Wohlgemerkt, auf der ersten von zwei Seiten!«

»Seite eins?« Vor Staunen reiße ich die Augen weit auf. »Also, ich beginne mit dem Lesen immer von hinten.«

»Ach, sind Sie Araber? Nein? Dann Jude oder was? Ansonsten haben Sie eine verdammt gefährliche Zunge, Wolkow! Passen Sie auf, dass Sie die nicht verlieren! Was ist denn mit Ihren Händen passiert?«

»Eine Verletzung.«

»Aha, dann haben Sie also gleich gegen zwei Direktiven der Haftanstalt *Polareule* verstoßen: Gegen die, zur Gesunderhaltung des eigenen Körpers und gegen die, zum Gehorsam!«

Der Oberstleutnant kratzt sich nachdenklich das

Kinn; irgendetwas beschäftigt ihn.

»Haben Sie schon mal versucht, einem Wasserfall zu entkommen?«, frage ich mit kehliger Stimme und versuche, meine Hände auf den Oberschenkeln abzulegen. Der Schmerz ist ungeheuerlich.

»Wie?«

»Nun, wenn beispielsweise die Kaskaden vom Talkowny-Wasserfall im Putorana-Gebirge aus 482 Metern Höhe auf Sie niederprasseln, ist Ihre Angst zu ertrinken dann real?«

»Hm, wahrscheinlich.«

»Intuitiv suchen Sie Halt, nicht wahr?«

»Kann schon sein, aber was hat das mit Ihrer Verletzung zu tun?«, zankt er.

»Nun, aus irgendeinem Grund trifft mich beim Hofgang regelmäßig ein gelblicher Wasserfall, wenn Sie verstehen, was ich meine. Da ich nicht ausweichen kann, ist die Angst vor dem Ertrinken also real, und ich suche Schutz.«

»So, so, ein Wasserfall. Nun gut, Wolkow. Unterhalten wir uns über was anderes. Wie geht das?«

»Was?«

»Das mit den Hunden. Nehmen wir den stinknormalen Haushund, nicht solche speziell abgerichteten wie wir sie hier haben. – Also, der Haushund wird doch so abgerichtet, dass er Haus, Hof und Besitz verteidigen soll. Dazu gehört, dass er durch lautes Bellen vermeintliche Eindringlinge anzeigt, den Eigentümer also warnt. Klar?«

»Klar!«

»Nun weiß man, dass sich Diebe häufig Zugang verschaffen, indem sie durch Zuführen von Leckereien das Vertrauen des Hundes erlangen. Die Frage, die ich mir stelle, ist nun, wie es dem Dieb ohne Leckereien gelingen kann, das Zutrauen des Hundes zu gewinnen, sodass dieser nicht anschlägt, wenn der Dieb das Grundstück betritt.«

»Das ist keine Frage des Vertrauens, Genosse Oberstleutnant – hier geht es um Respekt.«

»Verstehe, aber vor seinem Herrn hat der Hund doch auch Respekt, nicht wahr. Warum gehorcht er dann dem Dieb, und nicht ihm?«

»Viele Besitzer, Genosse Oberstleutnant, verwechseln Respekt mit Angst. Sie richten ihre Tiere nicht mit Würde ab, sondern nutzen deren Furcht vor Gängelung, um sie an sich zu binden.«

»Und was wirkt nachhaltiger?«

»Ist das eine Frage?«

»Natürlich ist das eine Frage!«, ruft der Oberstleutnant und wirft mir einen giftigen Blick zu.

»Nun, wenn man Respekt vor jemandem hat, ordnet man sich freiwillig unter, andernfalls …«

»Andernfalls?«

Ich schweige. Der Herr des Straflagers kennt die Antwort so gut wie ich. Warum soll ich ihm sagen, was er schon weiß? Es ist eine Machtfrage. Und der Mächtige entscheidet sie so oder so für sich.

Der Oberstleutnant nagt auf dem Radiergummi

seines Bleistifts, lässt seinen Blick stumm über mich gleiten, kritzelt dann etwas auf einen Block und ruft nach Sergeant Koslow.

Der tritt ein und stutzt: Ich sitze in derselben Position wie vorhin. Unbehelligt! Ganz ruhig hocke ich auf dem Holzschemel in der blaulackierten Gitterzelle. Das ist neu für ihn.

Der Oberstleutnant lehnt sich im Sessel zurück, grinst anzüglich und deutet mit dem Kopf in meine Richtung. »Bringen Sie den Gefangenen Wolkow in die Krankenstation, Sergeant!«

»Zu Befehl – den Gefangenen Wolkow in die Krankenstation bringen!«

Das Boxergesicht nestelt an dem Vorhängeschloss der Gittertür, das mit einem Zahlencode zu öffnen ist.

»Ach, Wolkow!«, nimmt der Oberstleutnant das Gespräch wieder auf. »Wie ist das mit den Wölfen, lassen die sich zähmen?«

»Natürlich, aber die Frage ist: Wozu? Der oberste Vorsatz eines erwachsenen Wolfes ist doch, Ärger zu vermeiden.«

»Man braucht also kein Wasser, um ihn zu bändigen?«

»Wasser? Nein. Wasser braucht man nicht.«

»Gehört, Sergeant Koslow?«

Das Boxergesicht lässt das Schloss aufschnappen und klappt dann die Hacken aneinander. »Zu Befehl – Genosse Oberstleutnant, Wasser braucht man nicht!«

»Allerdings«, schränke ich ein.

Der Oberstleutnant zieht die Augenbrauen hoch. »Ja?«

»Erweist sich der Mensch oft als des Menschen Wolf.«

»Und?«

»Im Innenbereich wäre Wasser zur Gesunderhaltung durchaus hilfreich, Genosse Oberstleutnant. Zumal …«, ich strecke meine gebrochenen Hände durch das Gitter.

»Was meinen Sie, Wolkow?«

»Die Wasserspülung, Genosse Oberstleutnant, sie geht nicht. Man muss das Wasser nach der Verrichtung gewisser Dinge mit dem Eimer ins Klosett schütten.«

»Sergeant Koslow, wussten wir davon?«

»Nein, Genosse Oberstleutnant.«

»Sehen Sie, Wolkow«, deutet der Oberstleutnant süffisant auf das Boxergesicht, »was *wir* nicht wissen, können *wir* auch nicht ändern, nicht wahr!?« An das Boxergesicht gewandt, fordert er zackig: »Abführen, Sergeant!«

»Zu Befehl – abführen!« Das Boxergesicht zerrt mich durch die schmale Gittertür hinaus auf den Flur. »An die Wand!« knurrt er.

Die Handschellen auf meinem Rücken klickten.

Jetzt nur nicht ohnmächtig werden, bloß nicht fallen!

Die Soldaten grabschen nach meinen Armen. Sie pressen ihre Hände fester als sonst in mein Fleisch.

Sie fühlen sich verraten. Darum!

Zur Krankenstation geht es über den Hof.

Sie zerren mich über nicht geräumte Wege. Das tun sie extra! Sie schubsen, keifen, treten.

»Das wirst du büßen – Wolkow«, zischt das Boxergesicht, als wir den Gang zur Krankenstation betreten. Er greift nach meinen Händen und drückt zu.

Mir wird schwarz vor Augen.

»Verzeihung!«, sagt er später, als ich wieder zur Besinnung komme und mich erbreche. Zufrieden hebt der Sergeant die Augenbrauen. »Alles klar, Wolkow?« Er steht breitbeinig vor mir und grient.

Ich nicke schwerfällig. – Klar, ist alles klar, Schattenmann!

Sie schieben mich durch eine Tür.

Eine robuste Schwester behandelt mich. Alles an ihr ist dick und abstoßend. Aber sie hat diese Augen, dunkle Augen mit dem Bernsteinkranz! – Anastasias Augen!

Viktorino – ein Sommer im nächsten Jahrtausend

Angetrieben von ihren märchenhaften Vorstellungen über die abenteuerliche Taiga, kamen zur Jahrtausendwende all die Raissas, Ludmillas und Julias nach Viktorino.

Etliche Artikel in der Presse führten sie her.

Berichte, die es nur gab, weil ich unbedingt Geld zum Unterhalt der Forschungsstation brauchte. Seit mir mein Vater im letzten Jahr – nach Mutters Tod – die Auswilderung gänzlich überlassen hatte, um die Deutschen Günter und Karin als wissenschaftlicher Berater nach Kanada zu begleiten und einen *Timberwolf-Clan im Banff* zu erforschen, war ich auf mich allein gestellt.

Ich musste Geld beschaffen, viel Geld!

Drei Rudel und einige Einzeltiere wollten ernährt werden. Das fiel mir nicht leicht, und so kam mir das Interesse der zumeist westlichen Reporter gerade recht. Allerdings zog das den Unternehmungsgeist vieler junger Leute nach sich. Das lockte vor allem Studentinnen an. Aber sie brachten nicht den erhofften Mammon, sondern waren selbst arm wie die Kirchenmäuse.

Mit Zelt, Schlafsack und einem Haufen romantischer Bilder über das wilde Wesen – den Wolf – rückten sie an.

Doch nie für lange!

An ihrem guten Willen lag es bestimmt nicht und auch nicht an den Wölfen oder den klimatischen Bedingungen.

Nein, ich war schuld!

Ich wollte sie nicht haben, all die ach so tierlieben Mädchen von den Instituten und Universitäten aus Moskau, Sankt Petersburg, Krasnojarsk oder sonst wo her, die den Ausflug als Abenteuer ansahen, sodass eine Welle von studentischem Tourismus einsetzte.

Ich musste etwas unternehmen.

Meine Vorkehrungen waren einfach. Wer jetzt kam, Mädchen oder Junge, kampierte in einer Blockhütte; sie mussten sich selbst versorgen. Darauf waren die meisten nicht eingerichtet. Läden gab es in der Umgebung kaum, und vor allem den *Damen* fiel es schwer, sich aus der Natur zu versorgen.

Wer wollte es ihnen verdenken?

Im Sommer kämpfte man mit Scharen von Insekten, und zwischen Herbst und Frühjahr gab der Wald für Unkundige gar nichts her. Hinzu kam der gewöhnungsbedürftige Geruch von rohem Fleisch, das ich alle paar Tage mit dem moosgrünen Moskwitsch heranschaffte.

Die drastischen Maßnahmen halfen.

Bald kamen nur noch jene, die forschen wollten, doch die brachten auch kein zusätzliches Geld.

Leider!

*

An einem Maitag, Russland hatte gerade einen neuen starken Mann in das Präsidentenamt gewählt – ob er halten konnte, was er versprach, würde sich erst noch erweisen müssen –, spürte ich die durchwachte Nacht am Radioempfänger in den Knochen, da stand sie plötzlich vor mir.

Anastasia!

Während der Vormittag seinen fetten, warmen Wanst durch die Baumwipfel zwängte, raschelte ihr langes Haar, das bis an den Po reichte, wie kühles Gras im sanften Nordwind!

Mein Blick tastete ihren zierlichen Körper ab, befühlte die grazilen Konturen: Schlank, aber nicht mager, war dieses Wesen etwa Dreißig, wirkte aber jünger. Um den schmalen Hals hing ein Lederband mit einer einzigen Feder daran. Tausende gelb geblümte Stoffreste, die über den zarten Brustwölbungen im rechten Winkel miteinander vernäht worden waren, bedeckten ihren Leib bis zu ihren schmalen Hüften, wo sich ein Fransentuch anschloss, das die Oberschenkel eine Hand breit über den Knien freiließ. Ein Hippie! Eine Hippieprinzessin in der Taiga; vollkommen aus der Zeit gefallen!

Einen Moment lang spürte ich nicht mehr den Boden unter meinen Füßen, und die Knie wurden mir weich. Das Herz hämmerte so laut, dass sie es hören musste.

So unerklärbar es auch schien, mir war, als hätte ich diese Frau vor langer Zeit gesehen und seitdem nicht mehr vergessen, als kannte ich sie schon mein ganzes Leben. Ein Déjà-vu: *Die Liebe sprang mich an wie ein Mörder in einer dunklen Gasse sein Opfer anspringt.*

Ich kramte tief in meinem Hirn. Dann hatte ich's. Als ich mich in der Universität einschrieb – mit meinen fast dreißig Lenzen war ich der Opa unter den Studentinnen, saß da im Dekanat ein Mädchen. Ich sah sie nur das eine Mal. Ihr Haar raschelte wie das Baumgeflüster über der Taiga. Sie lächelte mich an. Ich lächelte zurück. – Das war alles.

»Hallo«, näherte sich jetzt die Prinzessin und streckte zum Gruß die rechte Hand vor. »Sind Sie Daniil Stepanowitsch Wolkow?«

»Wen interessiert das?«, brummte ich, wohlweislich den Abstand zwischen uns wahrend.

Verstört zog sie die Hand zurück und legte sie auf ihre linke Brust. Das Rubinrot des großen Steins in der goldenen Fassung am Mittelfinger glänzte in der Sonne.

»Ich bin‘s, Anastasia!«

Ich musste Zeit gewinnen. »Anastasia …, wer?«

Verärgert warf sie den Kopf zurück, dass der Traumfänger an ihrem linken Ohr erzitterte. Die dunklen Augen mit dem Bernsteinkranz flatterten hinter den Lidern.

»Ist das wichtig, wer wie heißt? Ich hatte gehofft, hier geht es um das, was jemand tut!«

Ich registrierte das wilde Fächern der Wimpernschläge über ihren Wolfsaugen und den wässrigen Schleier, der nun auf allem lag. Schmerz und Verlust verfingen sich darin; sie war den Tränen nahe.

»Nun, Fräulein Anastasia, ich weiß gern mit wem ich es zu tun habe«, versuchte ich es höflich, aber reserviert. »Schließlich fühle ich mich für die Menschen hier genauso verantwortlich wie für die Tiere. Außerdem hasse ich es, wenn sich Reporterinnen ohne Erlaubnis einschleichen.«

Anastasia war entsetzt über meinen Verdacht.

»Ich bin keine Reporterin«, murrte sie und kramte

unablässig in ihrem sandfarbenen Jutebeutel. »Im Übrigen sollten Sie eigentlich darüber unterrichtet sein, dass ich zu Ihnen unterwegs bin. – So, hier ist mein Ausweis. Da …«, sie tippte mit der Zeigefingerspitze auf die Buchstaben, »steht mein Name: Anastasia Viktorowna Lebedjewa. Ich bin Aspirantin an der Lomonossow-Universität in Moskau.«

›Schwan‹, der Name passte zu ihr; prompt zeichnete sich ein Lächeln auf mein Gesicht.

Anastasia bemerkte es. »Für den Fall, dass Sie versuchen sollten, mich wieder fortzuschicken«, zog sie ihre Geheimwaffe, »werde ich ihren Vater in Kanada anrufen. Schließlich ist er ein Freund meines Onkels und hat mir den Aufenthalt in Viktorino zugesagt!«

»Nur zu, rufen Sie meinen Vater an. Sehr überzeugend! Macht man das in Moskau so, ja? Dann können Sie gleich wieder abziehen, Fräulein. Sowas kann ich hier nicht gebrauchen. Jemand, der andere benutzt, weil er sich selbst nicht durchsetzen kann, hat in der freien Natur nämlich schon verloren. Da können Sie sich Ihre Beziehungen sonst wohin packen, Gnädigste!«

Gott sei Dank, ich war wütend geworden!

Jetzt hätte ich mich umdrehen sollen. Ihre tobenden Bernsteinaugen im Rücken, hätte ich sie in ihrem Walle-Walle-Kleid stehen lassen können, ohne mich hinterher selbst als Idiot beschimpfen zu müssen. Denn jemand wie sie, die immer bekam, was sie wollte, würde im Wald untergehen.

Doch ich blieb stehen.

Anastasias Zuversicht wuchs. »Jetzt tun Sie doch nicht so, als würden Ihnen meine rein wissenschaftlichen Beziehungen zu ihrem Vater, Stepan Stepanowitsch, etwas ausmachen. Jeder weiß, dass Sie sich nur wegen der Wölfe vor der Menschheit abschotten!«

»Gleich vor der ganzen Menschheit?«

»Mir ist jedenfalls nicht bekannt, dass sie es lange mit jemandem an Ihrer Seite ausgehalten hätten.«

»Privat oder beruflich?«, provozierte ich.

Eigentlich machte das für mich gar keinen Unterschied. Wer mit den Wölfen lebt, trennt nicht zwischen privatem Bereich und Beruf. Die Leidenschaft für die Tiere überdeckt alles; das wusste sie.

»Beruflich natürlich, privat kenne ich Sie gar nicht, und ich ziehe es auch keinesfalls in Betracht, daran etwas zu ändern!«

»Und was wollen Sie dann hier?«

Sie schaute verblüfft. »Das Verhalten der Wölfe studieren selbstverständlich. Ihr Vater hat es mir versprochen, noch bevor er Russland verließ. Das habe ich schwarz auf weiß!« Anastasia wedelte mit einem Stück Papier, das sie endlich in der Tasche gefunden hatte. »Sie hingegen, Daniil Stepanowitsch, interessieren mich nicht im Geringsten. Aber, wie die Sache steht, benötige ich auch Ihre werte Zustimmung. Daher habe ich Ihnen einen Handel vorzuschlagen.«

»Aha, einen Handel?« Auf die Antwort war ich gespannt.

»Ich darf mich vier Monate lang – von Mai bis Ende August – auf dem Gelände in Viktorino und den drei Außenstationen ungehindert bewegen. In dieser Zeit erhalten Sie von mir Geld für die erforderlichen Fleischrationen zur Fütterung des gesamten Tierbestandes.«

»Und woher stammt die Knete? Ich hoffe doch inständig, Sie mussten sich dafür nicht extra prostituieren!«

Allmählich erkannte ich mich selbst nicht wieder.

Zwar war ich als eigenbrötlerisch und maulfaul bekannt, bei manchem galt ich auch als Grobian, aber so merkwürdig hatte ich mich noch nie benommen. Bisher konnte ich die dummen Großstadtgänse ignorieren und Wassili die Kommunikation mit ihnen überlassen. Doch dieses Schwanenfräulein reizte mich auf eine unerklärliche Weise.

»Sie sind verdammt misstrauisch … und abscheulich!«, tadelte Anastasia.

»Stimmt. Also, woher?«

»Ich habe einen renommierten Wettbewerb gewonnen, der übrigens sehr gut dotiert war.« Der Stolz in ihrer Stimme klang ein wenig überheblich. Sie drückte mir einen Hefter mit Papieren in die Hand. »Das Geld soll der Forschung dienen. Sie können es gern recherchieren, wenn Sie wollen!«

»Das mache ich. Bis dahin können Sie im Blockhaus ›A‹ residieren, Gnädigste«, sagte ich und deutete auf jene Hütte, in der unsere Familie Ende der siebziger Jahre gelebt hatte.

Sie würdigte mich keines weiteren Blickes. Auf der Stelle drehte sie mir den Rücken zu und stakste hinüber zum Blockhaus.

In den folgenden Wochen gingen wir uns geflissentlich aus dem Weg. Kaum, dass wir uns grüßten. Anastasia richtete sich im Blockhaus ein und freundete sich schnell mit einer Gruppe finnischer Studenten an; die Öko-Volontäre aus Turku wollten den Sommer über bleiben, um bei der Reparatur der Zäune zu helfen. Abends saßen alle zusammen am Lagerfeuer, plauderten entspannt, sangen Lieder auf Englisch, spielten dazu Gitarre und rauchten Papirossy. Erst spät in der Nacht zogen sie sich in die Hütten zurück, und ich vernahm die verlockenden Geräusche ihrer Balz.

Lauschend, fragte ich mich, ob Anastasia wohl unter ihnen war, und eines Nachts begann ich, um die Blockhütte zu streifen. Nichts war mir vertrauter, als dieses Haus. Die dunklen Balken mit den Nägeln und Haken. Die Feuerstelle davor und die trockengelegte Zisterne.

In der Küche brannte ein schwaches Licht.

Anastasia saß am Küchentisch und schrieb am Laptop. Sie saß allein, trug das Haar offen über der Schulter und blickte konzentriert auf das Display. Ich schaute ihr dabei zu und stellte mir vor, wie sie mit einem roten Kopftuch aus dem Fenster schaut. Die Zipfel wippen über ihrem Nacken, und sie beschwert sich über die Rattenplage im Haus, die ich bitteschön entfernen möge! »Oui, Madame Wolkowa«, würde ich lachend sagen und das *böse Pack* aus dem Haus jagen.

Quatsch, alles Quatsch!

So würde es nie werden. Nie, nie! Letztlich brachten Frauen doch nur Unglück. Da reicht schon ein Blick in die Geschichte: Katharina die Große, beispielsweise, stürzte ihren Mann vom legetimen Thron. Königin Luise traf sich heimlich mit Napoleon und tat mit ihm wer weiß was. Madame de Pompadour brachte es sogar offiziell zur Mätresse des französischen Königs. Und alle nahmen sie Einfluss.

Nein, soweit würde ich es nicht kommen lassen! Ich brauchte keine Cixi, die mein Reich regiert, keine Julia Farnese, die das Bett mit mir teilt. Nichts dergleichen brauchte ich. Hier draußen brauchte ich nur meine Wölfe und Wassili!

Den wöchentlichen Handel mit Anastasia wickelte ich dann auch mit Hilfe meines einzigen Freundes ab, der bei mir in der Forschungsstation lebte.

Zuerst kam Wassili zu mir, holte die Quittung für das besorgte Fleisch, dann klopfte er an Anastasias Hütte, überreichte ihr das Papier und erhielt im Gegenzug etwa sechstausend Rubel.

Manchmal bat sie ihn zu einem Glas Kwass herein, und er reparierte ihr dafür das Dach, den Rauchabzug oder ein undichtes Fenster. Hin und wieder diskutierten sie über einen Zeitungsartikel, der zwischen ihnen auf den Treppenstufen zur Terrasse lag.

Dann wurde sie schon mal zornig, gestikulierte wild

mit den Armen, bis Wassili scherzte und sie gemeinsam lachten …

*

Eines Morgens war ich früh auf den Beinen. Obwohl die Sonne gerade erst aufging, fiel mir das Schlafen schwer, und ich streifte durch die kleine Siedlung.

Anastasia hüpfte die Treppenstufen herab; in Jeans und Turnschuhen schlug sie den Weg Richtung Bach ein.

Ich folgte ihr vorsichtig.

Lautlos durch den Wald zu streifen, fiel mir leicht. Dennoch ließ ich ihr lieber ein paar Minuten Vorsprung. Am Bach suchte ich mir einen Ausguck. Gebannt stand ich hinter der Zirbelkiefer und sah ihr beim Baden zu.

Splitterfasernackt lag sie wie eine Venus im flachen Wasser. Einer Aprikose gleich, glänzte ihr Körper im rötlichen Sonnenlicht. Die Augen geschlossen, ruderte sie bedächtig mit den Armen. Das Zwitschern der Vögel über sich, genoss sie sichtlich das sanfte Gluckern der Fischlein, die an der Oberfläche zappelten.

Meine Augen brannten.

Schon die dritte Nacht hatte ich in der Zisterne gehockt und gelauscht, hatte über Anastasias Schlaf gewacht. Wie von Sinnen war ich, seit so ein *Mika* hinter ihr her war und sie, warum auch immer, nicht abgeneigt schien.

Anastasia stieg aus dem Wasser.

Sie wrang das lange Haar aus und legte sich nackt ins taufeuchte Moos.

Als ich zu ihr trat, warf mein Körper einen Schatten auf ihr ebenmäßiges Gesicht.

Sie blinzelte. »Was ist?«

»Was Sie da tun, junges Fräulein, ist gefährlich.«

»Warum?«

»Aus vielerlei Gründen!«

»So?«

»Ja!«

»Und welche bitte?«

»Hier leben wilde Tiere.«

»Ach! Meinen Sie Vier- oder Zweibeiner?«

»Suchen Sie es sich aus. Möchten Sie bedrängt und im Zweifel sexuell überwältigt werden, oder ist ihnen ein wilder Angriff einer Bärenmutter lieber?«

»Folgen Sie mir deshalb Tag und Nacht?«

»Sie ziehen sich besser was an, schließlich bin ich für Sie verantwortlich!«

Anastasia lachte kokett, setzte sich aber ruckartig auf und griff nach ihrem Hemd, das sie sich schamhaft vor die Brüste presste, als merke sie erst jetzt, dass ich sie anstarrte.

*

Ein paar Tage darauf bereitete ich mich vor, die Welpen aus dem Moskauer Zoo in das Außengehege zwischen Wald und Moor zu bringen. Ich war froh darüber, in der Hauptstadt endlich Fuß gefasst und in dem dortigen Tierarzt einen echten Wolfsliebhaber gefunden zu haben; er sorgte dafür, dass überschüssige Welpen nicht mehr getötet, sondern zu mir in die Station gebracht wurden.

Wassili und ich hatten das neue Zuhause für die Welpen um einen riesigen Hügel herum errichtet, auf dem sich ein alter, verlassener Dachsbau befand; das trockene Höhlensystem erwies sich für die jungen Tiere als ideales Versteck.

Anastasia, die sich seit ihrer Ankunft hauptsächlich um die sechs Jungtiere gekümmert hatte, half mir, die Transportboxen mit den Welpen auf dem Anhänger zu verstauen.

»Gute Reise, Fraya«, flüsterte sie ihrer Lieblingsfehe zu.

Leichthin und mehr aus einer Laune heraus fragte ich: »Willst du mit?«

Sie war überrascht. Zum einen, weil ich ganz plötzlich das distanzierende Siezen gegen ein vertrautes DU eingetauscht hatte, zum anderen, dass ich ihre Nähe zulassen wollte.

»Wirklich, ich darf mit?«

»Du hast dich um sie gekümmert. Warum also nicht?«

»Was brauche ich?«

»Drei Wochen Wald liegen vor uns. Da täten wohl ein paar Klamotten gut, Mückenschutz, Schlafsack, Fotoausrüstung …«

»Wann geht's los?«

»In einer halben Stunde.«

»Abgemacht!«

Solange brauchte sie nicht. Bereits nach zehn Minuten war Anastasia startklar, und ihr Rucksack landete auf der Ladefläche des Anhängers.

»Schnall ihn gut fest, sonst hüpft er runter!«

»Womit?«

»Da liegen irgendwo Kofferbänder im Anhänger, die kannst du ineinanderschieben.«

Sie schnaufte beim Festzurren des Gepäckstücks, aber ihre Handgriffe wirkten routiniert.

»Djewuschka, Sie sind wohl nicht das erste Mal im Wald unterwegs, stimmst?«, stellte Wassili anerkennend fest, als er hinzutrat und den fachmännisch vertäuten Rucksack betrachtete.

»Stimmt! Sonst noch Fragen?« Anastasia warf das Haar zurück und begann, es zu einem Zopf zu flechten, um es im Anschluss in einer Schlinge zu befestigen.

Ich schaute Wassili an, der hob die Augenbrauen und pfiff. – Nein, wir hatten keine Fragen mehr!

*

Der altersschwache Moskwitsch hatte Mühe, seine Last durch das unzugängliche Gelände zu ziehen. Aber genau wie in den letzten fünfundzwanzig Jahren, tat er auch diesmal klaglos seinen Dienst. In der Abenddämmerung erreichten wir den Rand des Außengeheges.

Die Tiere waren erschöpft und zogen sich in jene Höhle zurück, vor der wir die Transportkisten abgeladen hatten. Ab sofort waren sie mehr oder weniger auf sich allein gestellt. In den nächsten Wochen würden wir ihnen nur noch Wasser mit einem Schlauch zuführen und Fleisch über den Zaun werfen, ansonsten blieb ihnen der Kontakt zu uns Menschen verwehrt. Es wurde Zeit, denn wenn man sicher gehen will, dass sie den menschlichen Einfluss schnell vergessen, muss man Wölfe sehr früh auswildern.

»Wo schlafen wir?«, wollte Anastasia von mir wissen. Müde wie sie war, setzte sie sich auf einen Stein; immer wieder klappten ihr die Augenlider zu.

»Heute im Zelt, morgen bauen wir eine Hütte.«

»Aha«, murmelte sie und drohte einzunicken.

Bevor sie vom Findling kippen konnte, nahm ich den federleichten Körper und legte ihn vorsichtig auf die Rückbank des Moskwitsch. Als ich sie mit meiner Feldjacke zudeckte, seufzte sie: »Gute Nacht, Danilka.« Ihre Stimme klang dabei wie die eines kleinen, zufriedenen Kindes, das froh ist, seinen großen Bruder bei sich zu wissen.

»Gute Nacht, Nastja. Träum was Schönes!«

Wassili zündete Feuer an und stellte einen Wasserkessel darauf. Er begann, Suppe aus Fischresten zu kochen.

»Schön ist sie, diese Frau Schwan«, sagte er, als er sich zu mir setzte. »Schön und klug und tüchtig! Das hat man selten beieinander. Schade, dass sie nur so kurz da ist, die könnte einem schon den Kopf verdrehen. Schlank und rank, klug, Haare bis zum Po …!«

»Hm.«

Beim Essen blieb ich einsilbig, schlürfte Suppe aus Armeegeschirr und dachte an meine Mutter. Katja Wolkowa aus Moskau hatte sich auch nie unterkriegen lassen, war mutig und fröhlich und schön, bis der Bär alles änderte. »Hast du noch Erinnerungen an früher?«, fragte ich.

Wassili schaute auf. »Wann – früher?«

»Aus der Zeit, bevor du zu uns kamst, nach Viktorino.«

Er überlegte lange.

»An meine Eltern kaum«, sagte Wassili sehr leise und stocherte im Feuer. »Vom Foto her weiß ich nur, dass Mutter wohl flachsblondes Haar hatte, das sie als Kranz um den Kopf steckte. Geflochten. So wie diese ukrainische Politikerin. Wie heißt die noch gleich?«

»Tymoschenko?«

»Ja, genau – Tymoschenko! Nur, dass die ja eigentlich gar nicht blond ist. Vater hingegen war ein Bär. Er sah aus wie Großvater, nur jünger natürlich. Groß, hager, mit einer stark gebogenen Nase unter der gewölbten Stirn, mit kräftigem, dunklem Bartwuchs.«

»Wann gingen sie weg?«

»So genau ließ sich das nie mehr recherchieren. Alles, was mir Stepan Stepanowitsch nach Großvaters Tod dazu erzählen konnte, war, dass mein Vater den Wehrdienst verweigert hatte. Den Rest musst du dir denken. Arbeitslager, Kälte, Hunger … Wer weiß das schon?«

»Hm, schon klar. Aber wieso? Warum hat er ihn verweigert, den Dienst an der Waffe? Als Förstersohn ist er doch mit Waffen aufgewachsen, hat sie sogar selbst benutzt!«

»Ehrlich? Ich habe es mir so zusammengereimt: Meine Mutter war Spross einer ehemals angesehenen aristokratischen Familie. Fürst Golyzin war mein Ururgroßvater. Na – klingelt da was bei dir? Urgroßmutter Elli hat dann später den Fürsten Trubezkoi geehelicht. Seit 1917 wurden Leute wie sie beleidigt, erniedrigt, ermordet. Ich denke, Vater wollte nicht auf der Seite der Mörder stehen. Aber, was wärmst du die ollen Kamellen wieder auf?«

»Ach, keine Ahnung … Oder doch, es ist die Frage nach dem Sinn des Lebens, die mich umtreibt.«

»Aha. Eine philosophische Frage, ja?«

»Stepan Stepanowitsch hat mal gesagt, man ist erst ein Mann, wenn man einen Baum gepflanzt, ein Haus gebaut, ein Kind gezeugt hat.«

»Wach auf, Daniil! Du hast hunderte Bäume geschlagen, sie hier zu pflanzen wäre ja auch Quatsch. Du hast Hütten und Zwinger und Zäune errichtet, hast Tiere gerettet und mich großgezogen. Du hast mir das Lesen beigebracht. Und ausgerechnet du fragst nach dem Sinn des Lebens?«

Ich zuckte mit den Schultern.

Wassili erhob sich. Er legte mir die Hand auf die

Schulter und sagte: »Wenn du sie willst, das Fräulein mit den klugen Augen , versuch es! Egal für wie lange. Genieß einfach den Augenblick, Daniil! Alles andere ist Schicksal.«

Langsam stapfte er hinüber zum Zelt.

Alleingelassen am niedergebrannten, leise knackenden Feuer, wollte ich nicht schlafen. Selbst wenn, ich hätte es nicht gekonnt. Ich war viel zu aufgewühlt. So zog ich, nur mit einer Taschenlampe ausgestattet, in Richtung Hügel. Oben streckte ich mich hin, leuchtete in den Höhlengang, um mich zu vergewissern, dass die acht Wochen alten Tiere schliefen.

Alles war ruhig, die Welpen lagen eng beieinander.

Zufrieden lehnte ich mich an den Bau, starrte in den Nachthimmel und döste. Das fahle Mondlicht gab dem Wald fantastische Umrisse und eine verbotene Tiefe, die sich finster vor mir auftat.

Plötzlich raschelte es.

Ich kauerte auf dem verwitterten Stamm einer umgekippten Zirbelkiefer, schaute bergab in die blanke Schwärze und lauschte. Nichts. Nur das sanfte Rauschen des Bächleins irgendwo da hinten war zu hören. Sicher ein nachtaktives Tier, eine Eule oder ein Uhu.

Ich schlief ein.

Als sich der Tau feucht auf mein Gesicht legte, krochen die Welpen aus ihrer Höhle, leckten mich ab und erwarteten, dass ich ihnen Futter auswürgen würde. Solange sie in Viktorino waren, hatte ich die Leitwölfin imitiert. In Zukunft aber sollten sie auf eigenen

Beinen stehen. Damit sie mir nicht zu nahe kamen, rollte ich mich auf den Bauch und knurrte.

Nach einigen Rangeleien akzeptierten sie das und hielten Abstand.

Eben wollte ich mich erheben, da wurde ich auf den Boden niedergedrückt. Irgendetwas saß auf mir, es verbreitete einen betörenden Duft aus Hitze, Geblüt und einem Hauch Machorka.

Anastasia!

Sie musste versteckt im Unterholz gelegen und auf diesen Moment gewartet haben. Ich hatte zwar keine Ahnung, warum sie auf mir ritt, aber es gefiel mir. Es gefiel mir sogar so gut, dass ich es kaum aushalten konnte. Das Blut strömte mir heiß durch die Adern, und ein nie gekanntes Zittern erfasste meinen aufs Äußerste gespannten Leib.

Anastasias Bewegungen waren die einer übergroßen Katze. Sie presste sich flach an meinen Rücken, dass ich deutlich ihre Brüste darauf spüren konnte. Ihr offenes, nasses Haar bedeckte mein Gesicht; offenbar hatte sie sich zuvor im nahen Bach erfrischt.

»Ich träumte, wir sind Wölfe«, hauchte sie mir ins Ohr. Feuchte Küsse bedeckten meinen Hals und die Nackenpartie darunter, und ihr Atem huschte über meine Haut, dass es sich anfühlte, als wären ihre erhitzten Lippen überall gleichzeitig. Dann kroch sie mit den Fingerspitzen an meinen Armen herab, schob die Glieder ineinander, bis wir fest miteinander verflochten waren. Aus den Liebkosungen wurden bittersüße

Bisse. Gier, Sanftheit und Schwermut lagen darin. Ihre Zähne bohrten sich in meinen Nacken. Tiefer und tiefer, bis ich den Lustschmerz kaum noch ertragen konnte. Als sie ihre Finger von meinen löste, um uns mit einem mächtigen Ruck zu drehen, war es, als spürte ich eine tierische Kraft, die von diesem zarten Körper ausging. – Nun lag ich oben.

Anastasia schloss die Lider.

Ich tat es ihr gleich und witterte, die Nase dicht auf ihrem Brustbein, nach den lockenden Säften aus ihren Poren unter der Jacke, wo Erregung und Lust verheißungsvoll verschmolzen. Mit meinen Zähnen zerrte ich das einzige Kleidungsstück, das sie nach dem Baden trug, von ihren Brüsten. Hell und blank, wie das gleißende Licht zweier taumelnder Mondhälften, wippten sie vor mir. Dazwischen glänzten feine Wasserperlen. Mit gespitzten Lippen saugte ich von ihrer Haut. Tröpfchen für Tröpfchen für Tröpfchen.

Anastasia stieß einen leisen Knurrlaut aus.

Rasch hob und senkte sich ihr Brustkorb, und ihr feuriger Atem hetzte mir entgegen. Sie dehnte den Hals zur Seite, sodass ich sie mit meiner Zunge schlecken und mit den Zähnen beißen konnte.

Ihr wohliges Stöhnen drang mir bis ins Mark. Die Laute klangen, als müsste sich der Schall durch die glühende Kehle ins Freie kämpfen.

»Hu, hu!«, heizte sie mich an, führte meine Lippen fordernd an die ihren, saugte sie in den heißen Schlund, gab sie frei, um dann ihre Zunge gierig in meinen Mund zu schieben. Sie riss mir die Kleider vom Leib, hockte sich oberhalb meines Kopfes, beschnüffelte nacheinander meine Achseln und das Brusthaar. Dann schob sie sich vor, um die Zungenspitze in meinen Bauchnabel zu stecken, und ich merkte auf meiner Haut, wie sich ihre Brustwarzen vor Erregung zuspitzten. Die Art, wie sie mich wollte, wie ich sie wollte, wie wir uns wollten, klammerte uns aneinander.

Sie kniete auf allen Vieren wie eine Fehe vor mir.

Als ich die hitzig pulsierende Mitte zwischen ihren Beinen schleckte, stellten sich die Härchen an den Beinen auf, und ihr Nektar floss an den Innenseiten ihrer Oberschenkel entlang.

Ich genoss den säuerlich süßen Duft, der mich umwehte. Meine Zunge tanzte immer wilder auf ihrer Lust.

Sie wand sich und schrie, krallte die Finger in den Boden, wippte mit dem Unterkörper vor und zurück, auf und ab. Schneller, immer schneller spürte ich die Kontraktionen ihrer Muskeln.

Bevor ich ihre Lenden packte, um von hinten in sie einzudringen, glitten meine Hände über ihre glatten Pohälften. Wie weich sie waren! So könnte es bleiben, dachte ich, den ganzen langen Sommer hindurch. Und den nächsten und übernächsten. Alle folgenden Sommer könnte es so sein. Anastasia könnte hierbleiben, hier … bei mir.

Δ – Wassili

… an irgendeinem Tag

Draußen heult ein Schneesturm. Stiefel trampeln, Schlüssel klappern. Die Sichtklappe fällt. Das Oberlicht bleibt dunkel. Zellenballett bei Kerzenschein.

»Gefangener Wolkow – in die Ausgangsposition!«

Zellenmitte, Arme hoch; eine besondere Idee vom Boxergesicht: Die bloßen Füße stehen zur Abhärtung auf dem eisigen Boden.

»Ausgangsposition erreicht!«

Klappe, die zweite. »Treten Sie zur Tür!«

Schritt, Schritt vor.

»Nehmen Sie das Brot!«

Der Funktionshäftling braucht ein wenig zu lange, um die Kanten auf der Klappe abzulegen. »Was ist los, W 202, backen wir erst noch?«

»Nein, Genosse Sergeant, im Dunkeln ist mir ein Stück auf den Boden gefallen.«

Diese Stimme – Wassili!

»Aufheben!«, brüllt der Diensthabende.

»Jawohl – aufheben. Wohin damit?«

»Auf die Ablage, Sie Idiot, wohin sonst!«

»Verzeihung, das ist unhygienisch.«

»Auf die Klappe, habe ich gesagt!« Das Boxergesicht wirkt gereizt.

Zwei Kanten Brot landen auf der Ablage.

»Wo bleibt die Butter?«

»Hier, Sergeant.«

»Wolkow, nehmen Sie das Brot!«

Ich nehme das Brot mit zwei Stück Butter.

»Die Milch ist gefroren. Wollen Sie Milch, Wolkow?«

»Nein, keine Milch.«

»Ihre Entscheidung!«

Die Klappe scheppert. Dichte Finsternis schließt mich ein.

Ich setze mich auf die Pritsche und fingere vorsichtig im Brot, um zu ertasten, was mir Wassili hineingeschmuggelt hat.

Kreide! Wassili ist ein schlauer Mensch.

Wahnsinn, die lassen ihn in der *Polareule*, einer der härtesten Haftanstalten Russlands, einsitzen! Und wofür? Dafür, dass er mir geholfen hat, und das nennen sie dann Beihilfe zum Mord. Sie sind ja so dumm! So dumm wie ich damals.

Viktorino – nach jenem Sommer

Auf einmal war der Herbst da. In leuchtendes Gelb getaucht, baumelten die Blätter an den Birken und säuselten wehmütig ihr Abschiedslied.

Viel zu schnell kam auch der Abschied von ihr.

Anastasia nahm zum letzten Mal auf dem Stuhl in der Funkzentrale der Forschungsstation Platz. Sie saß stumm. Alle anderen um sie herum schwatzten fröhlich.

Russen sind furchtbar abergläubische Menschen: Vor langen Reisen setzt man sich kurz. Alle, die dableiben, setzen sich auch; das ebnet den Weg für eine glückliche Reise.

Ich setzte mich nicht.

Ich wollte nicht, dass sie ging, dass sie mich verließ. Doch irgendwie hatte ich es mir selbst zuzuschreiben.

*

In der letzten Augustwoche, wir hatten gerade die Jungtiere im Außengehege gefüttert, streiften wir Hand in Hand durch den Wald, zitierten Puschkin und Lermontow, und ich drang darauf, dass sie auch im Winter bliebe, als sich Anastasia plötzlich in einer jener Schlingen verfing, von denen die Wilderer beinahe täglich Neue auslegten.

Obwohl der Knöchel nicht gebrochen war, kannte meine Wut keine Grenzen. Im Huckepack schleppte ich sie zurück in unser provisorisches Lager, informierte Wassili, und schon ergriffen wir eine erlesene Auswahl an Hieb- und Stichwaffen. Wir bereiteten uns vor; man konnte ja nicht wissen, auf wen man trifft! Anastasia blieb allein zurück.

Mit einer Leuchtrakete ausgestattet, kauerte sie auf der Holzpritsche. Das Haar klebte ihr an der schweißigen Stirn.

»Hast du Schmerzen?«, fragte ich besorgt, bevor wir aufbrachen.

»Es geht, ist auszuhalten. Geht nur!«

»Wirklich? Wassili kann dich nach Viktorino fahren.«

»Nein, lass! Ich kühle die Schwellung und schlafe dann ein bisschen. Das wird schon. Mach dir bloß keine Gedanken! Die Fallen aus dem Wald zu bringen, ist viel wichtiger, als diese blöde Prellung.«

Bis zur Nacht hatten wir das Gebiet großflächig durchkämmt. Die Schlingen waren schnell zerstört: Ich entfernte die Seile, zerhackte die Stämme an denen sie befestigt waren, und Wassili warf alles auf den Anhänger des Moskwitsch.

Zwanzig Köderfallen konnten wir unschädlich machen, aber die Tellereisen zu entfernen, das war schon eine andere Sache. Es dunkelte bereits, und die Wilderer hatten sich noch nicht einmal die Mühe gemacht, die Fallen einzugraben. Diese Banditen!

Am nächsten Morgen stampfte einer von ihnen zu uns ins Lager.

»Fick deine Mutter, Wolkow, … du Bastard einer Hure! Durak, elender!«, schimpfte er aufgebracht, spuckte verächtlich aus und steuerte schnurstracks auf mich zu. »Es reicht dir wohl nicht, dass du meine Brüder in den Knast gebracht hast? Jetzt willst du auch noch meine Existenz!«

Wassili griff nach der Schrotflinte.

Ich winkte ab. Mitja Sorokin lahmte seit einem Unfall auf dem rechten Bein; der würde keine Bedrohung für mich darstellen.

»Was hast du mit meinen Fallen gemacht, hä?«

Sorokin hielt eine der abgeschnittenen Schlingen hoch, die er zuvor aus dem Autoanhänger gefischt hatte. »Erklär mir das mal, du Idiot!«, schrie er und zückte – schnaubend vor Wut – ein Jagdmesser.

»Stoi! Bleib stehen, das vergiss besser, Sorokin!«, bellte Wassili und zielte mit der Waffe auf ihn.

»Dann vergesst ihr lieber euren Messias-Scheiß und lasst die Leute in Ruhe! Tierschutz, dass ich nicht lache. Alle jagen … alle! Wen also, außer euch zwei beiden Kastraten, interessiert's, ob hier gejagt wird, hä? Seid ihr jetzt die Waldpolizei, oder was? Wovon soll ich denn leben, Mann?«

In diesem Moment humpelte Anastasia aus der Hütte, um nachzusehen, wer da so einen Krach machte; sie hätte sich keinen schlechteren Zeitpunkt aussuchen können.

»Ach, sieh an, eine für zwei, ja? Na, ihr habt's nötig!«

Aus dem Augenwinkel sah ich, wie Anastasia eine Fliege aus ihrem Gesicht verscheuchte. Aber Sorokin missdeutete die Handbewegung absichtlich und rief: »Siehste Wolkow, die Püppi winkt mir zu. Zwei Weicheier reichen ihr anscheinend nicht. Wartet Djewuschka, Djewschonka, ich bin gleich bei Ihnen! Ich habe nur kurz was zu erledigen, dann zeig ich Ihnen, was ein Mann …«

Meine Faust traf ihn an der Schläfe.

Anastasia schrie auf: »Nein, nicht!«

Sorokin taumelte zwar, fing sich aber wieder. Er

zielte mit der Klinge seines Jagdmessers auf meine Brust und brüllte: »Wolkow, dich bring ich um!«

»Dann komm doch, du Tierquäler! Hier bin ich, hier«, lockte ich ihn, mit beiden Beinen wie im Boxring tänzelnd.

Als Sorokin nahe genug heran war, nahm ich Aufstellung. Dann landete der nächste Faustschlag auf seinem Kinn. Die Wucht meines Körpergewichts ließ ihn fast zu Boden gehen.

»Daniil, hör auf! Bitte lass ihn, er ist betrunken!«, flehte Anastasia.

»Geh ins Haus!«, befahl ich barsch.

»Tu es mir zu liebe, der fällt doch von allein um!«

»Halte dich raus, das ist Männersache!« Von da an sah und hörte ich nur noch Sorokin.

»Komm her, du Affenarsch«, keuchte der und sprang mit ohrenbetäubendem Gebrüll auf mich zu.

Im selben Moment gelang es mir, beiseite zu hüpfen, und mein Angreifer landete im Sand. Sein Kampfgeist war aber nicht gebrochen. Noch nicht!

Sorokin rappelte sich wieder auf. »Fick deine Mutter, Wolkow«, fluchte er.

»Hast du keine anderen Sprüche drauf? Meine Mutter ist tot, du Idiot.«

Ich provozierte ihn vorsätzlich; denn das Spiel begann, mich zu langweilen, und ich suchte nach einem schnellen Ende.

»Wassili, wirf die Flinte rüber!«

Blitzschnell landete die Waffe in meiner Hand;

Wassili war ein teuflisch guter Werfer.

»Lass ihn doch endlich in Ruhe, er hat genug!«, weinte Anastasia hinter mir, aber ich hörte sie nicht.

Sobald sich Sorokin ein wenig in der Gewalt hatte und nicht mehr auf seinen Beinen wankte, schlug ich ihm mit dem Gewehrkolben das Messer aus der rechten Hand. Als er sich danach bückte, holte ich zum finalen Schlag aus.

Sorokin kippte nach hinten weg auf den Boden. Sein Kopf prallte an den Findling, auf dem Anastasia am ersten Tag eingeschlafen war.

»Oh nein, was hast du gemacht?«, rief mein Mädchen.

Purpurrotes Blut sickerte in den Sand.

Den Lauf direkt auf Sorokins Schläfe gerichtet, stand ich ungerührt vor ihm. »Steh auf, du Tierschänder!«

Sorokin rührte sich nicht.

»Steh auf, ich rede mit dir!«

»Es ist vorbei, Daniil«, murmelte Wassili und klopfte mir anerkennend auf die Schulter.

»Ist er tot?«, wisperte Anastasia.

»Quatsch!« Wassili kniete sich neben den Verletzten und fühlte dessen Puls. »Nein, er lebt.«

Später gestand er mir, er hätte das Pochen an Sorokins Hals kaum noch erahnen können, wenn überhaupt.

»Das haben wir gleich!«, rief er fröhlich. »Ich bringe ihn ins Krankenhaus! Dieser Mistkerl kommt durch, und wenn ich seine Kopfwunde eigenhändig zunähe! Ist sowieso nur ein Kratzer … Mach doch mal die Klappe vom Anhänger runter, Daniil!«, holte er mich aus meiner Lethargie.

Spät am Abend kehrte Wassili zurück und berichtete strahlend, dass Sorokin schon auf der Fahrt zur Klinik wieder zu sich gekommen sei und er ihn nach dem Nähen der Platzwunde gleich zu Hause abgeladen hätte.

»Tot wäre er mir lieber gewesen«, krächzte ich.

Anastasia starrte mich entsetzt an. »Wie kannst du nur so etwas sagen? Ich erkenne dich überhaupt nicht wieder!«

»Ist doch wahr! Die sind doch einer wie der andere, haben überhaupt keine Achtung vor dem lebenden Geschöpf. Ob Mensch oder Tier, selbst das ist ihnen egal.«

»Aber du, Daniil, hast diese Achtung, ja?«, würgte Anastasia hervor. Ihre Bernsteinaugen blitzen wie am allerersten Tag, verzweifelt und böse.

»Du hast recht, das war dumm von mir«, gab ich zu und umfasste sie. »Ich meinte es eher metaphorisch, weißt du. Nastja, Nastjenka«, flüsterte ich.

Sie schwieg.

In den nächsten Tagen begegnete mir Anastasia gleichsam kühl. Ja, sie wich mir aus. Oft ging sie allein, um die Wölfe zu füttern. Stundenlang strich sie mit ihrer Fotoausrüstung um das Gehege. Sie nahm Abschied von den Tieren … und von mir.

Einmal stellte ich mich ihr den Weg; ich hatte vor der Blockhütte auf sie gewartet. Als sie stumm an mir vorbei wollte, griff ich nach ihrer Hand. »Nastja, lass uns reden!«, bat ich.

Sie blieb stehen und sah mich an. »Worüber?«

»Über …«

»Siehst du, du weißt es auch nicht.«

»Doch … ich will, dass du bleibst. Hilf mir in der Station! Wir können gute Wissenschaftlerinnen brauchen.«

»Davon war nie die Rede. Nimm es wie es ist! Es war ein schöner Sommer. Ein Flirt, nichts weiter. Ich gehe nach Moskau zurück. Die Arbeit wartet.«

»Nie die Rede? – Du traust dich nur nicht. Du glaubst nicht an deine Gefühle.« Ich presste ihre Hand so fest, dass ich den Schmerz in ihren Augen sah und sie erschrocken losließ.

Anastasia wich zurück.

Sie senkte den Kopf und stocherte mit der Schuhspitze im staubigen Sand. »Sprichst du von mir oder von dir, Daniil? Wo sind denn deine Gefühle, deine Menschlichkeit, von denen du sprichst? Du hast sie längst verloren, irgendwann, hier in Viktorino. Du tust mir leid!«

»Dann hilf mir, sie wiederzufinden, Nastja!«, bettelte ich.

»Nein, Daniil – diese Aufgabe ist mir zu groß. Und für Samariterdienste tauge ich nicht.«

Ich starrte sie an. »Das war's dann?«

»Ja.«

Anastasia erklomm die Treppenstufen, drehte sich noch einmal um und sagte: »Es war schön, aber für mehr reicht es eben nicht. Vielleicht im nächsten Leben!«

*

Als der September begann und mit ihm der Regen, brachte ich sie, wie im Mai verabredet, nach Viktorino; Wassili wollte sich für ein paar Tage allein um die Wolfsjungen kümmern.

Bevor ich den Moskwitsch startete, nahm er mich beiseite und flüsterte: »Hör zu, Daniil! Ich muss dir was sagen. Sorokin ist tot, ich musste ihn vergraben. Lass Anastasia nicht mehr allein aus der Forschungsstation, hörst du!«

Ich klopfte ihm auf die Schulter. »Schon gut Alter, ich danke dir.«

Nun saß *mein Mädchen* auf dem Stuhl, blass und abgemagert. Vielleicht trauerte Anastasia, weil die Zeit mit den Wölfen zu Ende ging. Vielleicht trauerte sie auch um uns, aber sie sprach nicht darüber. »Lebt wohl!«, flüsterte sie. Dann erhob sie sich, legte einen Zettel mit ihrer Mail-Adresse von der Universität auf den Tisch. »Lasst es mich wissen, wenn die Moskauer Wölfe freigelassen werden!«

Mein Herz klopfte; jetzt hatten wir eine Verabredung.

Anastasia ging, wie sie kam.

Den Schultergurt der Jutetasche schräg über den Rumpf gehängt, am Ohr den bunt schillernden Traumfänger. Das Haar fiel ihr lang über den Rücken.

*

Ein Jahr verging, und ich wartete auf eine Nachricht von ihr; schließlich waren wir im Sommer verabredet. Aber Anastasia reagierte auf keine meiner Nachrichten. Sie schwieg mich einfach fort, weit weg aus ihrem Leben.

Stattdessen bekam ich einen dreiseitigen Artikel der Zeitschrift ›Grüner Planet‹ in die Hand, der mich umhaute. »Anastasia Lebedjewa«, stand da, »forscht bei dem Wolfsbiologen Bob Hayes in Kanada …« Weiter kam ich nicht.

Ich sah sie vor mir.

Fast konnte ich das Traumbild berühren: Anastasia mit den Wölfen im kanadischen Yukon, bei diesem Kanadier. Wer weiß, was sie dort trieb, was sie mit ihm trieb?

Der ›Grüner Planet‹ flog in den Ofen.

Nichts würde übrig bleiben von ihr. Kein Name, kein Bild, nichts. Nur wusste ich nicht, wie ich es anstellen sollte, die Erinnerungen an sie aus meinem Gehirn zu brennen, denn Nacht für Nacht drängte sich eine zarte Gestalt im Hippiegewandt in meine Träume.

Ich litt, ich stand in Flammen!

Der Bau des neuen Blockhauses oben am Außengehege – im Rohbau bereits fertig – sollte mich ablenken. Wassili hatte die provisorische Hütte vom letzten Sommer bereits abgerissen und auch die blutigen Beweise für meinen tödlichen Faustschlag an Sorokin vernichtet. – Der Findling war weg!

Ich fuhr wie ein Besengter. Auf halbem Weg nach oben ins Außenlager lief mir einer von Sorokins Brüdern vor das Auto.

»Hey, Wolkow, halt an!« Er trommelte wie wild auf die Motorhaube.

»Sieh an, Kolja Sorokin! Wieder zurück aus der *Hölle auf Erden*, oder bevorzugst du die Bezeichnung *Sing Sing*?«, reizte ich ihn.

Die drei noch lebenden Sorokins waren früher Polizisten. Nichtsdestotrotz hatte ich sie im letzten Sommer wegen ständiger Wilderei angezeigt. Das brachte ihnen ein Jahr in der Haftanstalt Nr. 13 im Ural ein; alle Polizisten, die straffällig werden, kommen dorthin.

Jetzt, nach über einem Jahr, stand einer von ihnen vor mir. Es ging ihm nicht besonders, das konnte man sehen. Die Kleidung war zerschlissen, der Körper abgemagert.

»Was hast du mit Mitja angestellt?«

»Was meinst du mit – angestellt?«, rief ich.

»Das weißt du ganz genau! Mitja war zu dir unterwegs im letzten Sommer. Babulja hat's mir erzählt. Seitdem wurde er nicht mehr gesehen.«

»Und?«

»Ich will wissen, was passiert ist!«

»Was soll denn passiert sein? Ich habe Mitja ewig nicht zu Gesicht bekommen. Wollte er weg?«

»Pass auf Freundchen, noch habe ich keine Beweise, dass du mit seinem Verschwinden was zu tun hast!« Sorokin schnitt sich mit dem Daumen über die Kehle, als wollte er sie durchtrennen. »Aber wenn ich die habe, und daran gibt es gar keine Zweifel, dann Söhnchen, dann Gnade dir Gott! Dann spieß ich deine Eier auf und brate sie am Feuer. Und du, Daniil Stepanowitsch Wolkow, du schaust dabei zu!«

Seine Drohung war eindeutig. So eindeutig, dass ich Wassili am Abend davon erzählte.

»Es geht los«, stellte er trocken fest.

»Kwakin oder wir«, sagte ich mehr zu mir selbst als zu ihm.

»Kwakin?«

»Ach, vergiss es!«

»Also, was machen wir?«

»Wir? Nein, das steh ich allein durch! Du bist schon viel zu sehr drin. Fahr zurück nach Viktorino! Wenn ich alles geklärt habe, komme ich nach.«

»Wie willst du das allein klären, bei drei gegen einen? Die haben Waffen, Daniil!«

»Die habe ich auch. Lass mich nur machen, ich habe die Wölfe!«

Wassili machte sich murrend auf den Weg, aber nicht, ohne mir zuvor über die Schulter gespuckt zu haben; das bringt Glück.

Als sein Wagen aus meinem Sichtfeld verschwunden war, begann ich mit den Vorbereitungen. Ich wollte die Sache zu Ende bringen. Endgültig!

*

Im Morgengrauen sah ich sie. Alle drei. Die Waffen in den Händen, schlichen sie heran. Anfänger! Das wollen Polizisten sein?

Die sind ja so dumm!

Wenn ich wollte, wären sie gleich tot. Auf der Stelle! Das ist einfach, so ganz ohne Deckung. Polizisten, lächerlich! Ich legte das Fernglas auf den Tisch.

»Hey, Wolkow!«, brüllte Kolja Sorokin von draußen und spannte seine doppelläufige Schrotflinte. »Stell dich, du Memme!«

Andrei, der korpulentere der beiden Zwillingsbrüder, wartete meine Antwort gar nicht erst nicht ab. Er hob sein Repetiergewehr und ballerte ohne Vorwarnung auf die neue Tür des Blockhaues, hinter der sie mich wähnten.

Salve um Salve donnerte, bis das Magazin leer war.

Die Kugeln splitterten ins Holz, mehr nicht. Sie konnten ja nicht ahnen, dass ich die Innenseite mit Stahlplatten gepanzert hatte. Offensichtlich war das eine gute Investition; nicht eine Kugel drang zu mir!

Sie gestikulierten, dann hob Kolja den Arm.

Im Schnellschritt liefen sie auf das Blockhaus zu. Während die Zwillingsbrüder mit ihren Schusswaffen seitwärts ausschwärmten, stürmte der Jüngste, dessen dürre Beine in viel zu weiten Uniformhosen ruderten, mit der Axt in beiden Händen geradeaus.

»Du-u-rak, e-e-lender! Ko-omm raus!«, stotterte er und hob entschlossen die Axt. Kurz bevor er die Tür erreichte, flog sie auf. Eins, zwei ... fünf Wölfe stürzten ihm entgegen und warfen ihn zu Boden. Vor Schreck ließ er die Axt fallen, jaulte auf und bedeckte das Gesicht schützend mit den Armen. Ein Reflex!

Getrieben von ihrem Jagdinstinkt, gingen die Tiere auf seine Extremitäten los und verbissen sich in den Beinkleidern. Bald hing ihm die Hose in blutgetränkten Fetzen unterhalb der Knie.

»Mama!«, winselte er, als sich die spitzen Reißzähne grausam in seinen Körper bohrten. »Weg, haut ab!«, wehrte er sich und stieß mit den schlaksigen Beinen nach den Wölfen; erst jetzt sah ich, dass das Profil seiner Stiefel vollkommen abgelaufen war.

»Ko-koo-lja, Hilfe!«, brüllte der Junge in Todesangst.

Ich neigte den Kopf eine wenig zur Seite, da löste sich blitzschnell eine Wölfin aus dem Rudel. Fraya, Anastasias Lieblingsfehe, biss ihm mit voller Kraft in den Arm.

Die reißenden Messer des Wolfskiefers brachen den Widerstand des schwächlichen Mannes. Erschöpft ließ Sorokin den Arm sinken. Dann ging alles ganz schnell. Ein Schnappen, ein ohrenbetäubendes Gebrüll, und seine rechte Wange war in einem Stück herausgerissen.

In diesem Moment brauste Kolja Sorokin um die Ecke.

Er hob die Flinte, zielte auf die reißenden Wölfe, doch er zögerte. Wahrscheinlich fiel ihm auf, dass das Schrot seiner nagelneuen Baikal MP-43KH unweigerlich auch seinen winselnden Bruder getroffen hätte. Eine schlechte Waffenwahl für den Nahkampf! Also drehte er die Flinte und schlug mit dem Schaft um sich.

Ein Sturmwirbel weiterer Tiere stoppte ihn.

Sie kamen aus ihren Verstecken, die Großen wie die Kleinen. Ein Hinterhalt!

Der kräftige Mann verlor die Waffe, stürzte zu Boden, rappelte sich wieder auf und hatte plötzlich sein Jagdmesser in der Hand.

Ausgerechnet Fraya traf er!

Das Messer rutschte an ihrem Brustkorb ab und schlitzte ihr regelrecht den Bauch auf. Sie jaulte, dann fiel sie. Därme und Blut quollen aus ihrem heißen Leib. FRAYA – nein!

Die nächsten Wölfe kamen von hinten.

Die Wucht ihres Angriffs haute Kolja Sorokin endgültig um; das Brechen von Elle und Speiche war deutlich zu hören.

»Wolkow, halt die Wölfe zurück, du Arsch!«, brüllte er.

»Sagtest du Arsch?«, rief ich. »Du wähnst dich wohl auf der Kirmes, ja? Mit Blaskapelle, Luftballons und Zuckerwatte?«

Als ich mit dem Gewehr in der Hand aus dem Haus trat, schob ich die zuckenden Überreste des jüngsten

Sorokins mit einem Fußtritt beiseite. Frayas Biss war nicht tödlich gewesen. Er hatte ihm nur die Fähigkeit zum Schreien genommen. Einige Jungwölfe hingen an seinem Körper wie Kletten und rissen aus dem lebenden Kadaver nach und nach Fleischstücke heraus. Das Blut sickerte langsam aus den klaffenden Wunden; bis zu seinem Ende konnte es noch eine Weile dauern. Gut so!

Sein Bruder Kolja kämpfte unterdessen mit einer schwarzen Fehe. Es war die Schöne mit weißem Bauchkranz aus Lunas Rudel, das ich wegen der vielen Besucherinnen in Viktorino hierher umgesiedelt hatte. Die Schwarze hielt ihr Opfer mit den Läufen am Boden.

Die fletschenden Zähne über sich, bettelte Kolja Sorokin: »Schieß, Wolkow, schieß!«

Ich trat vor, zielte und – schoss zweimal.

Der erste Schuss erlöste Fraya von ihren Qualen, der zweite machte Koljas zweiten Arm unbrauchbar. Sein Schrei gellte im lauen Sommerwind. Er krümmte sich vor Schmerz. »Gnade, Wolkow, Gnade!«

Ich zielte auf das linke Bein. »Eben wolltest du noch, dass ich schieße.«

»Nein, nicht das Bein! Bring mich lieber gleich um!«

»Das hat Zeit. Ich will sehen, wie du leidest, genau wie all die Tiere in deinen Fallen.«

»Stirb, Wolkow!«, schrie plötzlich Andrei, der Dritte im Bunde, der sich irgendwo im Unterholz verborgen gehalten hatte. Er hüpfte wie ein Hase aus der schützenden Dunkelheit, zielte auf mich und betätigte, ohne lange zu fackeln, den Abzug des Karabiners.

Doch, es war noch nicht vorbei.

Andreis Waffe gab ein Klickgeräusch von sich; der dümmste aller Sorokins hatte vergessen, sie nach seiner Ballerorgie auf die Tür zu laden.

»Ts, Ts, Ts. Wie kann man nur so vergesslich sein, Sorokin, hm?«, knurrte ich, ging einige Schritte auf ihn zu, packte den Lauf seines Repetiergewehrs und nahm es ihm aus der Hand.

Andrei Sorokin ließ es geschehen. Fassungslos hob er die Arme in die Höhe, als Zeichen dafür, dass er sich ergab.

Die Waffe auf ihn gerichtet, befahl ich: »Sieh hin!«

Der Dicke riss die Augen weit auf und gewahrte, wie mir das Blut kochte, sah, wie ich eine Kugel nach der anderen in den liegenden Leib seines Zwillingsbruders pumpte. Schön langsam die Beine hinauf. Zentimeter für Zentimeter bis zur Halsschlagader. Und er hörte, wie sein Bruder schrie und schrie.

Als kein Laut mehr zu hören war, wandte ich mich Andrei zu, der völlig erstarrt schien. Ich roch, dass er sich vor Angst in die Hose geschissen hatte. Wut kroch in mir hoch. Tiere fangen, quälen, häuten, aber sich in die Hose scheißen. So ein Jammerlappen!

Ich holte mit dem Schaft des Karabiners aus und schlug dem still gewordenen Kolja auf den Schädel, bis dieser brach.

Das löste Andreis Apathie. Er rannte, glitt jedoch in

der roten Lache seines jüngsten Bruders aus und fiel.

Die Wölfe schnappten nach ihm.

Fluchend rappelte er sich hoch, schwankte und gewann tatsächlich einige Meter Abstand zum Haus. Seine Beine schwangen merkwürdig in der Luft. So, als wolle er tanzen.

Die Wölfe verfolgten ihn.

Mein Blick erfasste sie, und schon stoben sie auseinander.

Ich bückte mich nach Koljas Doppelläufiger und hatte nur noch eines im Sinn: zielen, schießen!

Der erste Schuss brachte Andrei zum Straucheln.

Zielen, schießen!

Der zweite Schuss verbarg sein zerfetztes Wadenfleisch hinter einer staubigen Wolke. Andrei Sorokin schlug lang hin. Sein Jaulen klang animalisch.

Mein Jagdgewehr flog in den Dreck; der Rest war Arbeit für die Axt.

Ω – Zelle L 232

… am letzten Tag

Hoch oben, hinter dem Gitter, knallt der Hagel gegen das blinde Fensterglas. Das Neonlicht brennt summend.

Über der ranzigen Kloschüssel hängend, kotze ich Blut. Das Blei im Magen hat getan, was es tun sollte. Leber, Lungen, Knochen – alles ist befallen. Zeit zu gehen! Ich desertiere. Auf dem stahlharten Bett stelle ich das Atmen ein, sobald das Licht erlischt. Diese Gewissheit teile ich mit niemandem, nicht einmal mit den Hunden. Vielleicht mit der Polareule da draußen. Wenn der Sturm sich legt, fliegt sie hoch und höher, kreist am kobaltblauen Himmel dem Wetterleuchten entgegen, oder sie wartet auf eine Gelegenheit, so wie ich.

Mühsam krieche ich über den Boden zurück.

Kalter Schweiß rinnt mir den Rücken hinunter. Aber nicht das entreißt mir den letzten Schrei, sondern der Umstand, dass ich ersticke.

Warum erschrecke ich so? Warum falle ich auf die Knie und schlage die wachsbleichen Hände vor das Gesicht? Meine Finger tasten über die trockene Haut. In der Tiefe höre ich das Herz schlagen. Noch schlägt es.

Qualvoll ist nur das Sterben – nicht der Tod!

Sie werden es nicht hören: Das Foltern der knöchernen Faust an der Wand, das winselnde Erbrechen von blutigem Schaum aus bleizersetzten Lungen. Das Ächzen und Stöhnen, wenn sich der Kehlkopf zusammenschnürt. Nicht bei diesem Sturm! Nie und nimmer werden sie etwas hören!

Genau wie ich nichts hörte, damals, nach dem Blutrausch. Als ich dasaß wie ein Stein, gefühllos, dumpf und schwer! Blut klebte an mir. Blut klebte in mir. Alles schmeckte nach ihrem verfaulten Saft. Nach dem schweißigen, klebrigen Blut dieser Lumpen. Diesem menschlichen Abfall mit der fetten Gier nach Fellen und Fleisch. Mehr, mehr, immer mehr. Bis ich sie niederstreckte, jawohl!

»Luna, sie sind tot!«, soll ich gesagt haben, als mich Wassili fand. »Tot, alle tot. Mama tot, Wassili tot. Luna tot.«

»Daniil, du musst fort. Jetzt!«

Wasili hockte keuchend vor mir. Er rüttelte mich, goss mir das Wasser seiner Feldflasche über den Kopf, ohrfeigte mich. Doch all das nütze wenig. Ich ersoff in meiner Welt aus Blut und Gewalt. Fragend sah ich ihn an. »Fort – wohin?«

»Was weiß ich?«, brüllte Wassili. »Du kennst doch die halbe Welt. Kanada, Finnland … Such' dir was aus, mein Gott! Ich mach das hier schon!«

»Anastasia!?«, lallte ich. »Wie schön, dass du da bist, Liebes! Blut ist am Schuh, du musst geh 'n, dich waschen! Sie werden dich sonst finden. Die Brüder, sie werden dich …«

Wassili hatte genug. Er packte meine Schulter und schleppte mich in die Blockhütte; in meinem Zustand hätte ich nirgendwohin fliehen können.

Auf dem Holzboden der Hütte fiel ich in einen fiebrigen Schlaf. Ich schlug, stöhnte, wälzte mich hin und her. Von irgendwo kam ein Donnern. Ein Dröhnen, das mir der Schädel zersprang. Oder nein, ein Trommeln war's! Schwer und gleichmäßig. Und Licht. Grelles, beißendes Licht. Lärmendes Licht!

Dann das kreischende Geräusch einer Sirene.

Wann das Pfeifen in meinem Kopf begonnen hatte, konnte ich nicht mit Bestimmtheit sagen. Aber von ihm ging ein seltsamer Kraftstrom aus. Dieses elende Pfeifen, es pfiff quasi durch mich hindurch! Es hörte nie wieder auf. Silvesterraketen zündeten in meinem Kopf. Hui, hui … Meine Hände krallten sich in den Boden, die Beine kniend zum Gebet, war ich bereit es tun. Gleich, auf der Stelle! Den Lauf des Gewehrs in den Mund stecken, abdrücken. Zack, zack! Der verdammte Schädel platzt, und die ganze Suppe spritzt in die Luft. Wo …, die Waffe, verdammt – zu spät! Zu lange gezögert, sie haben mich.

*

Ob es Tage oder Wochen waren, die ich in diesem Zustand verbrachte, weiß ich nicht; es gab keine Gelegenheit, darüber zu reden. Wassili beschäftigte sich rund um die Uhr damit, die Spuren meines Gemetzels zu verwischen, und ich kam erst zu mir, als die Leichen verbrannt, die Erde um die Hütte herum weitläufig umgegraben und die Waffen verscharrt worden waren.

Aber auch sie waren da, die Herren der Staatsmacht! Motorengeräusch hallte oben, unten, neben uns. Geländewagen, Hubschrauber, das ganze Programm! Wie ein Gewittersturm brach es über uns herein. »Sie sind umstellt, kommen sie mit erhobenen Händen raus!«, rief jemand durchs Megaphon.

»Wie im Film«, kicherte Wassili, linste durch die seitlich angebrachte Lüftungsklappe und kaute auf einer Handvoll Sonnenblumenkerne. Er schien keine Angst zu haben.

Ich hatte auch keine. »Wer hat gequatscht, einer aus unserem Camp?«

»Kaum. Babulja Sorokin wird das Dorf aufgemischt haben.«

»Die alte Frau ohne Zähne? Scheiße!«

»Hm, scheint so.«

»Frauen! Ich sag‘s ja: Die Weltgeschichte wird von Frauen gelenkt. Wir Männer sind nur Kasperlepuppen in ihren Händen. Also mein Freund, bereit?«, fragte ich.

»Immer bereit!« Wassili zwinkerte wie Vater, als er

mich am allerersten Tag in Viktorino unter dem Tisch hervorlockte.

»Auf, zur Rattenjagd?«

Wassili nickte. »Kwakin, wir kommen!«

Als wir unbewaffnet aus der Tür traten, schien die Sonne grau und die Bäume wirkten seltsam staubig. Wir stolperten über die durchfurchte Erde.

»Ei, uchnem, Danilka!«, brummte Wassili und zwinkerte ein letztes Mal.

»Aj-da, da aj-da …«, schnaufte ich neben ihm.

»Daniil Stepanowitsch Wolkow?«, bellte ein fadendünner Offizier. Der Zweimetermann baute sich vor uns auf.

»Wolkow – das bin ich!«, brüllte ich stolz. »Daniil Stepanowitsch Wolkow, Sohn von Katja Wolkowa und Stepan Stepanowitsch Wolkow!«

»Auf den Boden, Hände auf den Rücken!«

Ich lachte ihm ins Gesicht.

Die Gesichtszüge des Mannes verzerrten sich vor Wut, seine stahlblauen Augen quollen gläsern unter der hohen Stirn hervor. Die wilde Fratze der Macht drosch das nächste Wort förmlich aus seinem Brustkorb. »Festnehmen!«

Eine Traube von Männern in Uniform stürzte sich auf mich. Maskierte Männer – Sicherheitsmaßnahmen wie bei einem Terroristen!

»Viel Glück, Daniluschka, viel Glück!«, rief Wassili, bevor ein harter Schlag ihn traf und er seitlich zu Boden kippte.

**

Fäuste … meine Fäuste zittern. Sie schlagen an die Wand. Ich kann sie nicht spüren, die verdammten Fäuste!

Jemand lacht. Ein irres, ein gurgelndes Lachen.

»Ach …, du bist es! Welcher von euch bis du?«, japse ich.

»Alle, Wolkow. Ich bin alle. Uns Sorokins wirst du nicht los. Nie und nimmer. Nicht, so lange Babulja auf uns aufpasst.«

»Ist die nicht längst tot?«

»Pass auf, was du sagst, Wolkow!«

»Na mach schon, Sorokin! So macht ihr es doch immer – schön heimlich. Damit niemand was sieht. Und wenn doch, dann schmiert ihr ihn.«

»Du hattest recht, mein lieber Wolkow. Babulja rief die Polizei, als wir nicht nach Hause zurückkehrten. Du erinnerst dich? Großmütterchen Sorokina, die alte Frau mit den fauligen Zähnen, sie hat dich verpfiffen!«

Ah!

*

Neonröhren ... Diese Bestien! Sie spenden so kaltes Licht. Grell und laut. Dieses ständige Surren, wie beim Verhör in Perm, ohne Schlaf. Nur Licht, Licht, Licht! Dann Kälte und Eis und Stiefelspitzen …

»Atme, Daniil, atme!«

»Mamulja! Ich versuche es ja, ich versuche, Luft in mein Zwerchfell zu pressen … Ich brauche Spucke,

Mamulja, der Rachen ist so trocken. Trocken. Wie die Stimme in Moskau. Im Gefängnis, da war die Stimme auch so trocken. Und an den Fenstern hingen Gardinen mit Bleikügelchen. Aber nach jedem Verhör wurden es weniger. Weniger und weniger, je mehr in meinem Mund verschwanden. Sie konnten mich nicht aufhalten. Sie sind ja so dumm.«

»Ja, sie sind dumm, Daniluschka!«

»Mamulja, ich komme, bald bin ich bei dir! Mamu…«

Schaurig umweht das dünne Fiepen der erlöschenden Neonröhre meine Lungenflügel, dann endlich gleite ich in die Unendlichkeit.

Unendlich…

AΩ – EPILOG

… am letzten Tag

Draußen bellen die Hunde. Stiefel trampeln, Schlüssel klappern. Die Sichtklappe fällt.

»Wolkow – in die Ausgangsposition!«

Die zweite Klappe fällt.

»Dawai! Hast du nicht gehört? In die Ausgangsposition!«

Auf dem Gang wird es hektisch; sie laden die Gewehre.

»Genosse Oberstleutnant – der Gefangene Wolkow rührt sich nicht.«

»Tür öffnen!«

»Tür ist geöffnet!«

»Wie konnte das passieren?«

»Das weiß ich nicht, Genosse Oberstleutnant.«

»Was ist dort oben?«

»Wo …?«

»Da draußen, hinter dem Fenster!«

»Genosse Oberstleutnant – dort hockt eine Polareule.«

»Verscheuchen!«

»Jawohl – Polareule verscheuchen!«, bestätigt der Diensthabende und greift nach dem Gewehr.

»Nicht schießen, Sie Idiot, verscheuchen habe ich gesagt!«

Mit einem kräftigen Satz nach vorn wirft der Oberstleutnant ein Paar Handschellen ans Gitter. Er trifft; das Glas dahinter zerbirst.

Die Polareule hebt ab.

Der Oberstleutnant schaut verwundert: Die Schwingen des Vogels wirken beladen, als trügen sie eine Last hinfort. Und hinter ihm, an der Wand, steht mit Kreide geschrieben:

WÖLFE BEUGEN SICH KEINER MACHT!

DIE AUTORIN

Micaela Daschek, 1966 in Bergen auf Rügen geboren, studierte Vorschulpädagogik und Kinderpsychologie in Leningrad (Sankt Petersburg) – der schönen Stadt an der Newa. Mit bestandenem Diplom in der Tasche kehrte sie in das wiedervereinigte Deutschland zurück und half beim Aufbau eines Wohlfahrtsverbandes, für den sie heute in Berlin tätig ist, wo sie mit ihrer Familie lebt.

Neben ihrer hauptberuflichen Tätigkeit schreibt sie u.a. Gedichte, Glossen und Kurzgeschichten, die bereits erfolgreich in Anthologien und Literaturzeitschriften veröffentlicht wurden. Häufig kommt hier ihre Liebe zur russischen Seele zum Ausdruck. Dabei interessiert sie stets das Kleine, das Einzigartige im großen Ganzen.

Die vorliegende Novelle wurde Ende 2014 mit dem Lesefinale bei der FLORIANA Biennale für Literatur (Österreich) ausgezeichnet.

Wettbewerbe & Preise

Siegerin (in Co-Autorenschaft) in der Kategorie über 19 „The Book of Plans Hopes and Dreams - Das Buch der Pläne Hoffnungen und Träume: Letters from the bridge of time - Briefe von der Brücke der Zeit." (Das Projekt wurde mit dem GRUNDTVIG Award 2014 ausgezeichnet.), öffentliche Präsentation in Blackburn (GB) Ostern 2015, Texte: „Liebe Käthe" (Micaela Daschek) / „Im Niemandsland 2114" (Bernd Daschek)

Lesefinale der besten neun Beiträge: FLORIANA 2014 - Biennale für Literatur, Marktgemeinde St. Florian bei Linz (Österreich) zum Thema: Macht, Textauszug aus dem Romanprojekt „Polareule"

Siegerin beim „Preis des Literaturkreises der Deutschen aus Russland 2014" in der Kategorie Prosa, öffentliche Präsentation in Paderborn 2014, Text: „Der Zobel"

Veröffentlichungen/Prosa

Abschied ins gelobte Land, in: Das Rad der Zeit ... es dreht sich weiter, Anthologie Hrsg. von T. Meier, Herzsprung-Verlag, Feldkirch 2015, ISBN: 978-3-99051-009-4

Das Interview, in: Psychonymous: Vergeltung - Kurzgeschichten, Hrsg. von Franziska Röchter, chiliverlag, Verl 2015, ISBN 978-3943292268

Blaublüter unter sich, in: & Radieschen - Zeitschrift für Literatur, zum Thema: Rang und Namen, Hrsg. Verein "ALSO - Anno Literatur SOnntag" c/o Andreas Plammer, Wien 2015

Der Zobel, in: Literaturblätter deutscher Autoren aus Russland. Almanach 2015, Hrsg. von Artur Böpple, Anthea-Verlag, Berlin 2015, ISBN 978-3-943583-53-3 und in:
Dichtungsring 43 – Zeitschrift für Literatur, zum Thema: Begegnungen, Hrsg. von Francisca Ricinski-Marienfeld, Bonn 2014

Liebe Käthe, in: The Book of Plans Hopes and Dreams - Das Buch der Pläne Hoffnungen und Träume: Letters from the bridge of time - Briefe von der Brücke der Zeit, Hrsg. von Michael und Rebecca Bilkau, Blackburn/Braunschweig 2015, Geschenkedition

Glückstäfelchen, in: Aus meiner Feder Glück - Anthologie, Elbverlag, Torgau 2014, ISBN: 978-3-941127-28-9

Die Kinder der Amme, in: Andersen Märchen Anthologie - Update 1.1, Hrsg. von Charlotte Erpenbeck, Machandelverlag, Haselünne 2013, ISBN: 978-3-939727-30-9

Führungsseminar, in: Bierglaslyrik - Onlinezeitschrift, Nr.19 zum Thema: Seminar, Bern 2013

Veröffentlichungen/Lyrik

... nur mal eben, Monet spaziert in Giverny, in: Vom Duft der Wüste: Gedichte, Engelsdorfer Verlag, Leipzig 2013, ISBN-13: 978-3954881376

Ansichten, in: Lyrischer Lorbeer 2012, Hrsg. von Pascal Cziborra, Lorbeer Verlag, Bielefeld 2012, ISBN: 978-3-938969-19

Printed in Poland
by Amazon Fulfillment
Poland Sp. z o.o., Wrocław

53880206R00080